旧石器遺跡「捏造事件」

元文化庁
主任文化財調査官
岡村道雄

山川出版社

旧石器遺跡捏造事件　目次

序章　旧石器遺跡捏造の経緯

第一章　「栄光」への軌跡

1　石器文化談話会の始まり

藤村の生い立ち　30　旧石器への関心　35　藤村との出会い　37
石器文化談話会の設立　38　発掘の仕組み　41

2　本格化する発掘活動

薬莱山麓へ　44　旧石器遺跡の発掘方法　46　層位と型式　49

3　「座散乱木」への道

旧石器発掘を目指して　52　最古「動物形土製品」の出土　56
不思議だった藤村の態度　61

4　大発見

前期旧石器存否論争　63　最高の瞬間　70　山田上ノ台遺跡でも　75
期待高まる座散乱木第三次発掘　78　続々出た前・中期旧石器とその年代　82
馬場壇Aに賭ける　84　試みられた科学的分析　88
復元された「原人の生活」　90　「前期旧石器論争は結着した」　92

第二章　失墜した〝ゴッド・ハンド〟

1　拡大していく戦果

宮城から関東へ　98　夢の〝怪挙〟「遺跡間接合」　100
東北旧石器文化研究所の設立で全国展開へ　103
「藤村業績」の宣伝に加担した私　108　覆い隠せなくなった矛盾　110
秩父で藤村・鎌田と論争　113

2　捏造発覚

毎日新聞の大スクープ　116　大混乱になった学術関係機関　123

地に堕ちた考古学への信頼　126

3　相次ぐ私への批判
自著の回収・絶版　129　〝共犯者〟扱いまでされた私への批判の嵐　131
「君はやってないんだよね」　132
「聖嶽遺跡」事件への波及と賀川学長の自殺　134

4　残された膨大な後始末
始まった検証への動き　136　心が凍りついた藤村の捏造痕跡　138
遠藤智一さんの無念　140

第三章　捏造発覚から一〇年を経て

1　見破られなかった藤村の知恵
割り箸であぶった石器が〝世界初〟の発見に　144

専門家も見破れなかった〝埋め込み〟実験 149
藤村が得意とした偽造「石器埋納遺構」 154
『岩宿の発見』がモデル？ 156

2 見破れなかった私の甘さ

偽書『東日流外三郡誌』事件との共通点 159
〝夢〟が疑う目を曇らせた 162
マジックショーに魅せられていた私たち 164
疑問を呈するとすぐ石器が飛び出した 165
「まさかあの純朴な男が」という予断 166

3 私が経験した数々の疑問

いつから捏造は始まった？ 170
封印された疑問の数々 172
座散乱木「二つの不思議」論争 174
私にもよぎった疑念 177
見逃されていた「不自然な一致」 179
馬場壇、志引にもあったおかしな現象 182

4　この一〇年で考えたこと
旧石器が捏造の舞台に選ばれた理由　185　前旧石器存否論争の呪縛　186
なぜ不自然さを追及しなかったか　187　〝大発見〟ムードにかき消された少数意見　188
科学分析はなぜ捏造を見抜けなかった？　191
藤村の暴走を後押しした考古学ブーム　196　過熱マスコミ報道の功罪　199
欠けていたタフォノミーの精神　201

5　藤村との再会
疑問だらけの「藤村告白メモ」　203　どうしても本人に確かめたかったこと　207
「神の手」を自ら切り落としていた藤村　212　「覚えていない」の一点張り　214

第四章　明日への考古学

1　三つの過ち
頭になかった「第一発見者を疑え」　218

悔やまれる発掘担当者としての力不足　221
権威づけした重大責任　222

2　ささやかな私からの提言

①学問的記憶としての捏造事件　223　②石器研究方法の進展　224
③自然科学との連携と共同研究の深化　225　④発掘成果の公表と報告書の刊行　226
⑤検討・議論による成果の確定と公表・普及　227
⑥学問的・行政的なチェック体制　228　⑦発掘者・研究者倫理　229
⑧マスコミとの連携　229

3　考古学の信頼回復のために

①考古年代を暦年代に変える必要　230　②日本最古文化の探究　232

終章　旧石器遺跡捏造の総括　235

旧石器遺跡捏造事件

序章　旧石器遺跡捏造の経緯

「旧石器遺跡の捏造《ねつぞう》」があばかれたのは、二〇〇〇年十一月四日の夜だった。その日は、祭日明けの土曜日ということもあって、私は家に居た。その夜、文化庁から「重要な用件だということで、幹部に取材が申し込まれているが、なんの件だか心当たりはないか」という電話があった。そして夜中に、知り合いの放送記者からの電話があり、「新聞社の単独インタビューで藤村が上高森《かみたかもり》と総進不動坂《そうしんふどうざか》で捏造していたことを認めた」と知らされた。

私と藤村新一とは浅からぬ縁があった。私が東北大学の助手だった一九七五年に彼と鎌田俊昭、私などで民間の考古学団体「石器文化談話会」を結成し、彼らや多くの仲間と足かけ一二年に渡り、宮城県内の旧石器遺跡を発掘してきたからである。その後、私は文化庁の文化財調査官の職に就いていた。受話器を置いた後、そのあまりにも衝撃的な知らせに翌朝までほとんど眠れなかった。

妻を起こして駅に新聞を買いに行ってもらい、紙面いっぱいに掲載された、藤村が現場に石器を埋め込んでいる生々しい組写真を見た（一一九頁図20）。

そうしているうちにそれらの「遺跡」を発掘したり、発掘協力していたNPO法人東北旧石器文化研究所の鎌田理事長から、午前九時過ぎに電話がかかり、傍らにいたらしい同法人の副理事長だった藤村が電話に出た。「みっちゃん（こんな親しげな呼び方は初めてだった）、すまない」と地獄の底からうめくような声でいった。私はよく覚えていないが、その沈んだ声の雰囲気から、なぜか怒りは湧いてこなかった。私は彼に「大丈夫か、考古学が好きなんだからまたやれたらいいような」ということを言ったかと思う。まだこの時点では、藤村が捏造を認めたのは上高森遺跡（宮城県）と総進不動坂遺跡（北海道）で、この年に彼が発掘した石器についてだけだった。まさか、自分が彼と共に発掘にかかわった過去の他の遺跡までが全て捏造されていたなどとは知る由もなかった。

この日の私は横浜市立博物館での企画展示に伴う記念講演「縄文時代の集落遺跡と人びとの暮らし」を頼まれていた。一一時までに行かなければならなかった。出かけようと家の玄関扉を開けると、新聞記者が待っていて、横浜まで送ると車に乗せられた。何を聞かれ何を答えたのか、今はまったく覚えていないが、記事になるようなことは話さなかったようだ。ただ、講演は普段の平静さを失って、まとまらない話となった。

翌月曜日に私は普段通り、文化庁に登庁した。私の勤務していた文化財部記念物課の埋蔵文化財部門は、文化財保護法に基づいて各地の遺跡の保護や発掘調査状況の監督を行うセクションで、五名の文化財調査官がおり、私はその主任だった。すでに文部大臣からは藤村による捏造報道に関する状況の調査が指示され、五名の調査官全員で彼が関与した遺跡がある九都道府県に電話で聞き取りを開始することになった。

翌日には、全国各都道府県教育委員会に対して、文書で藤村関与遺跡の有無、関与遺跡の遺跡名やその調査の体制・期間・費用、報告書の刊行状況などについて九日までに回答するように依頼した。

その結果は、一九七二年末以来、藤村が発見したり、発掘に参加した関与「遺跡」は一八六か所あり、そのうち藤村が本格的に発掘調査に参加した遺跡は、三三か所であった。この日の午前には、閣議後の文部大臣会見に文化財保護部記念物課長と共に私も同席した。八日には記念物課長が、とりあえず事件の概要を衆参両議院の文教委員長、自民・公明両党の文教部会長、民主党文教部会など国会関係者に説明するために、議員会館を回った。私も随行して補足的な説明をした。十日の金曜日には、閣議後の大臣記者会見にも陪席した。いずれの機会も文化庁としてまとめた調査結果と対処方針などを説明した。この間は、当然ながら各種資料も作り、文化庁幹部から大臣に至るまで詳細な情報を提供した。これらの作業と準備に忙殺され、十二日の日曜日までの一週間は、深夜家に戻り、仮眠して早朝出勤する日々だった。

国会での質問は、十一月九日に、衆議院決算委員会で、捏造の発生理由、捏造有無の判断、再発防止策、教科書の見直し方針などについての質問があった。また翌日には、発生理由・背景、子供への影響や海外での反響、史跡座散乱木《ざざらぎ》遺跡の真偽についての再検証などについて、かなり突っ込んだ質問があった。これらの質問には、文部大臣や文化庁次長が、都道府県教育委員会から報告のあった藤村関与遺跡の調査経緯・体制などについて説明し、「捏造有無の判断は今後の学術上の議論をまち」、「理由はさまざまな事情が考えられ、一概には言えない」、「文化庁としても必要な措置を講ずる」などと答弁した。

この一連の質疑応答の中である議員が、「これは十月二十四日に講談社から発行された文化庁の方が執筆した『日本の歴史第一巻』ですが」といって、私が書いた本を手に持ってかざした。藤村の発見に関する部分を引用して、「文化庁の行政が一つの方向に偏りすぎたし」、「史跡座散乱木遺跡の検証は文部省・文化庁の仕事ではないのか」と質問した。

この時点では、藤村による旧石器遺跡の捏造に関して客観的に捉えることはできず、議員の言葉は私の心にエコーのように反響するだけだった。

捏造発覚後の私は、とりあえず文化庁記念物課の埋蔵文化財部門の主任調査官としての対応に追われ、あまりにも衝撃的な事柄であったため、平常心を失ったまま事態の推移に翻弄された。かつての発掘仲間だった藤村が「旧石器遺跡」を捏造していたというあまりにもショッキングな出来事であったために、私が受けた衝撃はもちろんのこと、私個人に対する攻撃や、連日の大きなマスコミ報道などで、茫然自失の状態であった。妻や家族の支えとともに、先輩や全国の埋蔵文化財行政担当者らの温かい励ましにより、なんとか二週間ほどの混乱を乗り越えることができた。

その中で少しずつ我を取り戻し、必死の思いで考えた。捏造を正面から受け止めるためには、「責任をもって科学的に検討する」研究者としての立場を貫こうと思った。まず、この問題に関係する地元宮城県の研究者を中心に早急に方法・体制などを固めて、検証を実行に移すことが必要だと考えた。

私は文化庁に勤務する前の約一二年間にわたって石器文化談話会に属し、勤務していた東北歴史資料館で発掘調査を担当するようになって、藤村ら多くの仲間たちと「遺跡」の発見・発掘を共にした。それが「業績」として認められていたためか、一部の人たちから事件の核心に関与しているのではないかと疑われた。

つまり、私が藤村に指図あるいは教唆して捏造をやっていたのではないか、という疑惑をもたれたのである。また文化庁の埋蔵文化財行政担当だったため、研究者としてこの事件に表立って取り組むことが許されなかった。そのために「捏造遺跡」発掘・研究の指導助言者、共同研究した自然科学者、共同発掘者や支援者などが進める捏造検証には参加できなかった。

その後、時を経て結果的には、捏造検証のための再発掘が行われ、証拠を突き付けられた藤村の告白もあり、捏造に使われた石器の特徴を見わけることができるようにもなった。日本考古学協会や関係自治体などによる捏造検証への一致団結した行動は、短期に調査成果をあげ、大部の『前・中期旧石器問題の検証』をまとめた。三〇年近く彼が単独で一八六遺跡を捏造し、そのうち三三か所の発掘現場で石器を埋めていたことが明らかになった（二六・二七頁経緯一覧）。

しかし、現在でも事件の核心、真相がよくわからないという意見やまだまだ反省が足りないという私への批判がある。また国家権力が関与・指導・支援した発掘・捏造事件だと決めつけて、批判し続ける人たちもいる。月日の経過と共に事件の記憶が社会から薄れつつあるが、事件の全貌が必ずしも解明・検討されないままに今日に至っている。

「旧石器遺跡の捏造発覚」からまる一〇年がたった。そして事件のスタート、つまり藤村が石器を地層の中に埋めて遺跡を捏造し始めたのが確実な一九七四年四月二十九日からも、三六年がたった。

最近ようやく平常心を取り戻し、冷静に考えて語れるようになってきた。私は一五年間勤めた文化庁を離れ、独立行政法人の研究所で六年間停年まで勤めた。そして民間の一研究者となった現在、自由な立場で研究人生の客観的な総括ができることとなった。

そこでまず事件をきちんと整理し、問題を抽出し、教訓としなければならない。また研究上の失敗は、まず科学的に検討しなければならない。そのためには事実をきちんと記録し、全容を後世に伝える必要と説明責任を果たす義務があると考えてきた。そして、事実を直視して非を認め、非となった状況や原因を再確認して非を改める行為を実施、具体化することこそ真の反省と考えてきた。

また、「なぜ見抜けなかったのか」「捏造が行われていたのを知っていながら、自身に都合がよかったから知らん振りして利用したのではないか」「研究者が簡単に欺かれるのは理解できない、頼りない」などという疑問や疑惑を持った方も多いと聞く。見抜けなかったり、騙された原因・理由の説明は、人間の心理や当事者が置かれた環境・背景などにもかかわってさまざまな要素が複雑にからんでいて簡単・明解に答えるのは大変に難しいが真摯に考えてみたい。

捏造発覚後、一〇年近くたった今でも、日本列島では前期・中期旧石器時代遺跡は確認できていない。一般的に旧石器時代遺跡は、ただ赤土の中から石器が出てくるという単純な構造だから、捏造しやすく発覚しにくかったと思う。もちろん捏造によって生じた不自然さや矛盾などを、十分に認識しなかった学問的な未熟さや甘さも大きい理由になろう。自分にとって都合のよいことには、厳しい姿勢を保ちにくい。その背景には、自らの研究成果や周囲やマスコミの期待感、考古学ブームなどに迎合した甘さを率直に反省する。ここでは既に明らかにされている事実を中心に、特に私が直接に体験・承知している事実に基づいて、述べるようにした。そして、事件の原因や背景を分析し、考古学研究のための教訓となれば幸いである。

なお、座散乱木第三次発掘調査で「中期旧石器」を確認するまでの経緯については、「談話会」を中心とした活動を総括的に記者がまとめた『最古の日本人を求めて』(河合信和　一九八七　新人物往来社)を参照した。ただし、藤村を取材した記事や氏自らの告白・談話・メモなどには、虚偽と思われる事柄も含まれている。例えば河合も後に述べているように、藤村が石器を探し始めたのは、仕事が終わってから通った「宮城県の考古展」で親切な県職員が踏査を勧めたのがきっかけだと本人が語っている。しかし、このエピソードは、その県職員の記憶にないこと、バスで通うのは時間的に無理があるなど、作り話と思われる（河合信和　二〇〇三『旧石器遺跡捏造』文藝春秋）。

また捏造発覚については、毎日新聞旧石器遺跡取材班が、発覚前の夏から捏造を暴く取材を開始し、現場に張り込み、仙台のホテルで告白させた一連の経緯をドラマチックに記している。捏造発覚後は、いち早く立花らが『立花隆、「旧石器発掘ねつ造」事件を追う』で捏造事件を解説し、対談を設定して検討した。そして発覚の翌月には「東北日本の旧石器文化を語る会」が、会津若松市で開いた藤村関与石器の検討会の内容を伝えた（立花隆編　二〇〇一）。

次いで毎日新聞はすべての藤村関与遺跡を対象にした検証経緯と真の前・中期旧石器存在の見通しなどについてもまとめている（毎日新聞旧石器遺跡取材班　二〇〇一『発掘捏造』毎日新聞社）。そして、二〇〇三年には日本考古学協会前・中期旧石器問題調査研究特別委員会が『前・中期旧石器問題の検証』（以下『協会検証報告』と略記する）を刊行して、藤村関与遺跡や出土品の検証結果や捏造事件を総括した。そのほか、個別には、多数の旧石器時代や関連自然科学を中心とした研究者が、新聞に意見を寄せたり、雑誌の特集もいくつか企画された（二〇〇一『SCIENCE of HUMANITY BENSEI vol.34 特集前期旧石器遺跡捏造事件の真相を語る』勉誠出版、『季刊考古学74　特集前期旧石器文化の諸問題』（二〇〇一　雄山閣）など）。ほかにも多くの文献を参考にしたが、十分に整理して意見・見解・提言などをまとめきれなかったばかりか、個々に引用・参考箇所を明示する余裕がなかった。ご寛恕願いたい。

なお、昨年十二月に藤村の居場所を突き止め、ようやく一〇年あまりを経て、久しぶりに会うこととなった。なぜ三〇年近くも「捏造」を繰り返したのか、長年にわたって発覚しないと思っていたのか、私たちや家族まで騙していたことをどう思っていたのか、また「捏造」の方法など具体的な多くの疑問点を問いただした。

この事件は約三五年の長期に及んだので、読者が理解しやすいように発覚に至るまでの経緯の概要について、この章の末に整理して掲載した。また、一般的になじみの薄い旧石器時代遺跡で主に起こった事件であるから、その時代の遺跡の一般的な現状を、第一章2の「旧石器遺跡の発掘方法」「層位と型式」で説明して読者がわかりやすいようにした。

まず発覚に至る事件の概要は以下の通りである。石器好きな若い会社員であった藤村が、自分でも旧石器を発見したいと思いたち、一九七二年末から宮城県北西部の火山灰台地を踏査し始めた。採取した石器などを一九七四年春に多賀城《たがじょう》跡調査研究所に持ち込み、鎌田らがいくつかを旧石器と認定した。そして鎌田と連れ立って同地域で踏査を進めるようになった。当時は東北大学の助手であった私は、一九七五年の宮城平《みやぎだいら》A―1遺跡の踏査・試掘、そして保存問題に駆り出され、地域や民間に開かれた旧石器時代の研究と遺跡保護を目的とする「石器文化談話会」の結成にも参加した。藤村も参加した談話会は、踏査を繰り返し、一九七六年秋には座散乱木で旧石器時代遺跡としては宮城県初の発掘を開始した。同遺跡を一九八一年まで三回発掘調査し、そのつど出土石器などの整理、報告書の刊行を行い、次の発掘目的を設定して地道に継続調査した。

この間一九八〇年春には座散乱木の道路切り通し下部の火山灰層断面から「中期旧石器」を採取し、翌春には仙台市山田上ノ台《うえのだい》遺跡の下層から「中期旧石器」を発掘し、同年秋には座散乱木第三次発掘で「中期旧石器」を確認した。それまでに確認されていた後期旧石器時代を遡って、日本列島にも「中期旧石器文化」が存在することを「立証」し、次々に日本列島の最古文化を更新するなど「輝かしい成果」をあげた。座散乱木はこのような意義によって一九九七年に国が史跡指定した。座散乱木・山田上ノ台などでの「中期旧石器」の確認を契機に、つぎつぎに古い文化の探求が「捏造発覚」まで続いた。

座散乱木以後は、一九八四年から馬場壇《ばばだん》Aに発掘地点を移し、私が大学から移って勤務していた宮城県立東北歴史資料館が、第二次調査から整った体制と予算の裏づけをもち、全国から多くの旧石器文化を専攻する研究者や学生が集まり、学界や一般にも開かれた発掘調査を実施した。関連自然科学の研究者との共同研究も進んで、かつてない本格的で学術的な発掘調査だといわれた。この間に中峯《なかみね》C、志引《しびき》、青葉山《あおばやま》Bが発掘調査され、東北歴史資料館は、馬場壇A以後さらに高森へとより古い地層の発掘へと地点を変えていった。一九八七年春には私は宮城県を離れ、文化庁記念物課で埋蔵文化財保護行政を担当することになった。

一九九二年末に東北旧石器文化研究所（後にNPO法人、理事長鎌田、副理事長藤村となる）が設立され、その後は独自で発掘するようになった。まず、地元で上高森、山形県に出かけて袖《そで》原《はら》3、岩手県でひょうたん穴遺跡、さらには地元の中島山をほぼ毎年発掘した。とても過密なスケジュールであり、出土石器の観察、発掘成果のまとめに当てる時間はほとんどなかっただろう。そして捏造発覚前年には、計六か所が発掘され、発覚年の二〇〇〇年には福島の一斗内松葉山《いっとうちまつばやま》と、埼玉県埋蔵文化財事業団が調査主体となった秩父の小鹿坂《おがさか》・長尾根《ながおね》などの五か所を含めて一〇か所で藤村は発掘した。なお要請を受けて藤村が発掘に参加したのは北海道の総進不動坂、福島県の竹ノ森《たけのもり》・原セ笠張《はらせかさはり》・箕輪宮坂《みのわみやさか》、埼玉県秩父の小鹿坂・長尾根などである。

一九八〇年代末からの考古学ブームの影響もあって、マスコミ・出版界は、競って最も関心の高い最古の文化探求の「成果」を取り上げつづけた。もちろん一線の旧石器研究者はもとより、私をはじめ多くの考古学研究者が概説書、講演などで取り上げた。藤村の活躍や発掘エピソードなども含めて、日本列島での最古文化の始まりとしてこれらの「成果」は多く語られて普及していった。

この間、遅くとも一九七四年の座散乱木の踏査から始まり、二〇〇〇年の発覚直前の発掘調査まで、約二五年間という長期間にわたって、すべて藤村が石器などを自ら埋めて遺跡を捏造し、それらの多くを自ら発見するという、自作自演の捏造を繰り返してきた。

発覚後、彼は「魔が差してやってしまった」と、あたかも途中からの出来心で、捏造現場の証拠を突き付けられた二か所だけで捏造してしまったように、当初はマスコミの質問に答えていた。ところが最初に赤土断面から抜き取って見せた「石器」にも、発覚後の観察によって鉄錆と黒土などが付着していることが確認され、捏造していたことは明らかであった。しかし、捏造の手口や経緯などの全貌は不明である。研究の立て直し、発展、信頼回復のためにも詳細を明らかにし、この事件を伝えていかなければならない。

私はほぼ当初より藤村らと共に発掘調査し、その後、東北歴史資料館在籍中の九年間は、馬場壇Aなどの発掘調査を担当・統括した。発掘などに責任を持つ立場でありながら、「成果」を十分に吟味できないまま発表し、評価してしまった。また文化庁に移ってからの一〇年余は発掘現場や石器を自分の眼で観察・確認せず、「成果」の概要を評価し、活用・普及してきた。

まず、研究者として、研究方法に甘さがあったことを率直に詫びたい。そして何よりも捏造が見抜けず、結果的に同調してしまったことが多くの方に迷惑を及ぼしてしまった。研究者として真実を伝える社会的責任が果たせなかった事実は重い。大いに反省するが、悔やんでも悔やみきれない。

この事件をしっかり整理・分析して問題点を抽出し、改善を図って再度の失敗を犯さないようにする。そして、方法、体制、研究姿勢などを改め、一度失ってしまった考古学に対する期待と信頼を取り戻さなければならない。

本書では、理解を得るためにできるだけ事実に即して読者が理解しやすいように記述・表現・図示することなどに努めた。この時代を生きた考古学研究者として、私自身の研究を統括し、この時代の考古学の到達点や限界と可能性、信頼性を理解していただき、これからの考古学の発展の参考にもなれば、私の社会的責任が多少なりとも果たせたことになると考えて出版することとした。

日本考古学協会は、二〇〇三年五月に『前・中期旧石器問題の検証』を刊行して、検証結果を集大成した。そして史跡座散乱木遺跡の指定は解除され、藤村関与のすべての遺跡が、周知の埋蔵文化財包蔵地から除外された。また毎日新聞の捏造遺跡取材班も二〇〇三年七月の藤村へのインタビューを最後に解散した。しかし、現在も程度や種類などは違っていても、似たような危険性をはらむ調査が時として見られる。これらについても若干の問題点を指摘し、今後の発展に警鐘を鳴らす意味で、教訓にしたいと考えている。

なお、文中「　」を付けた旧石器、発掘成果などは捏造発覚以前の評価のまま記し、座散乱木・

馬場壇Aのように地名だけの記載は、のちに捏造されたことが判明した「遺跡」の名前である。

また、本文中の人名は、敬称を略させていただいた。

「捏造事件の経緯」一覧

七二年末　藤村が江合川流域で踏査開始
七四年〜　鎌田俊昭らも加わり夏に座散乱木で「石器採取」(捏造の確実な始まり)
七五年五月　民間研究グループ「石器文化談話会」結成
七五・七六年　藤村らが各年に15〜20カ所ずつ旧石器時代遺跡を発見
七六年　「石器文化談話会」が初の発掘調査(座散乱木)
七八年　鹿原Dを小野田町教育委員会が調査し、細石刃などを発見
八〇年春　座散乱木の道路切り通し断面の下層で「中期旧石器」抜き取り
八〇年秋　仙台市山田上ノ台遺跡で藤村らが「中期旧石器」を発見・発掘
八一年秋　「談話会」による第三次座散乱木発掘で「中期旧石器」を確認
八三年　宮城県内で中峯Cと志引を発掘
八四年　仙台市青葉山Bを東北大学が調査する
八四年　東北歴史資料館主体の馬場壇A遺跡の発掘を八八年まで毎年継続
八四〜八七年　歴史概説書や歴史事典に座散乱木や馬場壇Aが掲載
九一年　薬莱山麓遺跡群間で後期旧石器時代の石器が遺跡間接合
九二年　群馬県桐原や福島県竹ノ森で本格的な発掘支援

鎌田・藤村らが東北旧石器文化研究所を創設
九三年　東北旧石器文化研究所が袖原・上高森など発掘、以後報告書は未刊行
九五年　東北旧石器文化研究所がひょうたん穴洞穴で発掘開始
九八年　宮城県中島山遺跡と山形県袖原遺跡の三〇キロメートル間で「石器接合」、北海道総進不動坂も発掘
九九年　上高森で列島最古の記録更新（七〇万年前）
〇〇年　秩父で「生活遺構・埋納遺構」頻繁に発見、一斗内松葉山も発掘
〇〇年　十一月五、捏造発覚（藤村が上高森・総進不動坂での捏造を認める）
十二月、「東北日本の旧石器を語る会」で藤村関与遺跡の石器を検討、シンポジウム開催
〇一年　五月、一斗内松葉山の検証発掘で捏造痕跡を発見
七月、袖原3の検証発掘
九月、藤村がメモで捏造遺跡四二か所告白
一〇〜十一月、上高森の検証発掘
〇二年　五月、座散乱木の検証発掘で中期・後期旧石器の存在を否定
〇三年　五月、日本考古学協会が『前・中期旧石器問題の検証』を刊行

主な遺跡の年代

① 権現山（群馬）
② 金取（岩手県）
③ 座散乱木（宮城県）
④ 馬場壇A（宮城県）
⑤ 総進不動坂（北海道）
⑥ 中島山（宮城県）
⑦ 原セ笹張（福島県）
⑧ 下川田入沢（群馬県）
⑨ 長尾根（埼玉県）
⑩ 中峯C（宮城県）
⑪ 高森（宮城県）
⑫ 小鹿坂（埼玉県）
⑬ 袖原3（山形県）
⑭ 一斗内松葉山（福島県）
⑮ 上高森（宮城県）
○数字は藤村氏がかかわった遺跡
朝日新聞から

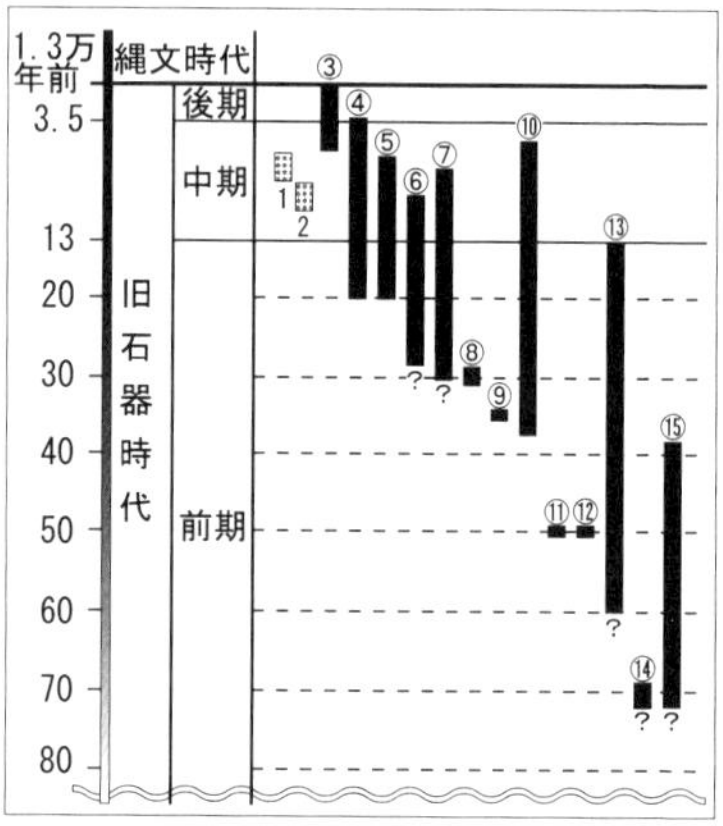

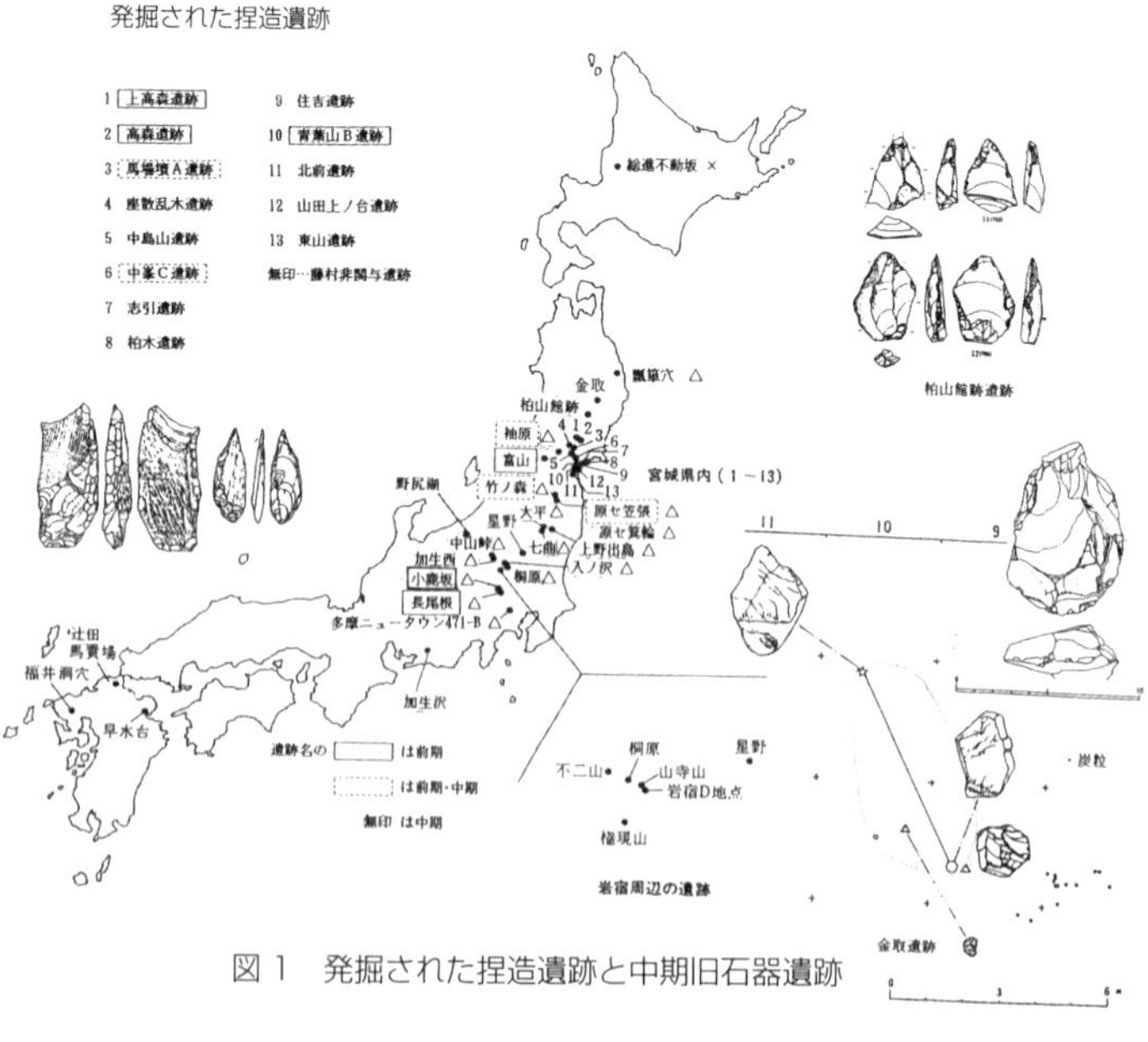

図1　発掘された捏造遺跡と中期旧石器遺跡

第一章　「栄光」への軌跡

1　石器文化談話会の始まり

藤村の生い立ち

宮城県加美郡中新田町《なかにいだ》（現・加美町《かみ》）に生を受けた藤村新一は、幼少期を田尻町（現・大崎市）で過ごした。偶然にも、隣町の史跡・長根貝塚で中学生の時に縄文土器を拾い、喜びのあまりに学校の先生に見せたという。その後同県中部に位置する黒川郡富谷町《とみや》に移り、高校在学中に相沢忠洋の「岩宿の発見」を知り、感銘と衝撃を受け、卒業したら考古学を勉強したいと思ったという（藤村新一　二〇〇〇「私には五〇万年前の地形が見える」『現代』十一月号　講談社）。

高校卒業後は地元の電気機器メーカーに就職し、在庫品の管理などを行っていた。仲がよくなった会社の同僚の家に遊びに行った藤村は、そこで東京の大学で考古学を学ぶ息子と知り合う。その折りに藤村は、宮城県北西部の古川市《ふるかわ》（現・大崎市）にある馬場壇遺跡で拾った瓦などを彼に見せ、「いつのもんだべ」と聞いている（河合信和　一九八七『最古の日本人を求めて』新人物往来社）。また後に、その馬場壇遺跡で藤村が拾った瓦を、藤村は彼と連名で資料紹介している。

藤村は、一九七二年十一月に古川《ふるかわ》市で七日間開催されていた「宮城県の考古展」へ、勤務が終わってから毎日見学に通ったという。そこで藤村は、考古学の専門家である宮城県教育委員会の文化財保護課技師から、丁寧に石器の説明を受けた。旧石器に魅せられ、自らも旧石器を探したいと思い、これをきっかけにして、古川市や岩出山《いわでやま》町（現・大崎市）内を中心に野外を歩いて、石器を探し始めたという（前出一九頁参照）。このように遺跡を探し歩くことを遺跡踏査、略して踏査ともいう。彼が自身の踏査・発掘参加歴をまとめた「旧石器時代研究二十年の歩み」（藤村新一　一九九二『第六回東北日本の旧石器文化を語る会』東北日本の旧石器文化を語る会）などによれば、早くも同年十二月六日には、馬場壇B遺跡（古川市）より頁岩《けつ》製の大型石鏃《せきぞく》などを表採したと記している。遺跡を踏査して遺跡の地表面から、土器や石器などの遺物を見つけることを地表面採集、略して表採ともいう（図２）。後にこの石器は、東北歴史資料館に持ち込まれ、約一万年前に遡る珍しい有舌尖頭器《ゆうぜつせんとうき》であると鑑定された。

そして翌一九七三年、藤村は雪が融けだした三月中旬ころから毎週末は、江合《えあい》川左岸の旧古川市・岩出山町の遺跡踏査に当てたという。地元の中学校の美術教師であった遠藤智一が、旧石器を採取しているという情報も得て、宮城県遺跡地名表を見ながら中古の自転車に乗って（一五七頁参照）周知の遺跡を巡って表採して歩いたと記している（遠藤智一・藤村新一　一九八五「江合川流域の旧石器研究のあゆみ」『江合川流域の旧石器』東北歴史資料館、芹沢長介・桑原滋郎・

図2　地表面採集（上）
踏査で露頭断面調査（中）
火山灰土層断面より遺物発見（下、マジックペンの先）

岡村道雄・藤村新一・遠藤智一・村松瑞子 一九八六「対談宮城の旧石器に人類の夜明けを見た」『自然と遊ぶ 続ふれあい宮城』）。

遠藤はこの地域の遺跡に興味を持ち、旧石器遺跡を数か所発見していた地元の研究者であった。前出の藤村踏査記録によれば、四月二十三日に旧岩出山町村山でナイフ形石器と石刃《せきじん》を表採、六月十七日に同町三太郎山Bの火山灰層よりヘラ状石器一点採取、七月二十五日に同町座散乱木で火山灰層上部より石刃を採取、七月二十八日に馬場壇Bで軟質火山灰層上部より有舌尖頭器・ヘラ状石器・微隆起線文土器片など一一点を採取（火山灰層から抜き取って採取）したという。そして八月十五日には、縄文時代遺跡としての標柱が立つ新田Aで黒曜石製の彫刻刀形石器やエンド・スクレイパー（掻器《そうき》）を、天地返しされた火山灰土中から採集したと記している。またその日の午後、旧石器時代の遺跡であると確認されていた同町の三太郎山A遺跡に行き、その遺跡の脇にあり、後に三太郎山Bと命名された「遺跡」の道路切り通しから石器を抜き取ったという。この時、初めての「旧石器の発見」に感動した様子が伝えられている（遠藤智一・藤村新一 一九八五 前掲）。ただし、藤村の踏査記録が正しいとすれば、先に記した六月十七日に三太郎山Bや七月二十五日の座散乱木で火山灰層より採取した石器のほうが、旧石器の発見としては早かったはずで、記述に矛盾がある。

藤村が新たに旧石器を見つけたという遺跡は、この時までに遠藤智一などが、すでに旧石器を

図3　宮城県の「捏造遺跡」と遠藤らが 1980 年以前に発見していた旧石器遺跡（◉）
富沢は発掘時別地点で捏造

見つけていた数少ない遺跡であった。つまり、それまでに知られていた遺跡を歩き、表採したり、切り通し（火山灰層が露出・露頭している崖面）から石器を抜き取った（このことを断面採取あるいは抜き取り・抜き取り資料・石器などという）。

旧石器への関心

藤村が本格的な遺跡発掘活動を始めるきっかけとなったのは、宮城県立多賀城跡調査研究所に勤務していた旧石器研究者の鎌田俊昭との出会いだった。きっかけを作ったのは先述した同僚の考古学を専攻する息子だった。鎌田と彼は東北出身の考古学専攻生が集まる研究会仲間で、地元に戻っていた先輩の鎌田に七四年ころ、藤村を紹介したのだった。

藤村は、同年四月に、主に七三年の春からの一年間に採集した数百点の石器を、多賀城跡調査研究所の鎌田のもとに持ち込み、鑑定してもらっている。持ち込まれた石器の多くは、縄文時代のものだったようだ。しかし、鎌田はそのなかの旧石器らしきもの二点に注目し、それらが火山灰から抜き取られたことを藤村から聞いて確認したという。なお、三太郎山Bの火山灰層から確かに抜き取られて紀要に発表された「石器」は、火砕流堆積層から発見された自然の破砕礫《はさいれき》（偽石器）の可能性がある。つまり、偽石器を石器と見誤った可能性があり、この時点で火山灰層に包含されていた確実な旧石器があったかどうかは確認できない。

鎌田は藤村を誘ってさっそく次の休日の四月二十九日に踏査に出かけた。鎌田は火山灰層のよく見える遺跡を案内してくれと頼み、二人は座散乱木に行った。座散乱木遺跡は宮城県岩出山町(現・大崎市)を流れる江合川中流域に沿った低い平坦な丘陵上にある。縄文時代の遺跡などとして古くから知られ、遠藤智一らによってすでに旧石器も発見されていた。藤村はすでに知られていた旧石器遺跡であることを頼りに、しばしばこの遺跡を訪れ先述したように旧石器を火山灰土層から発見していた、と彼は書いている。この地域は旧石器が包含されている火山灰土層が、一・五から三・五メートルにも厚く堆積し、堆積年代のわかる鍵層となる軽石層なども介在している。旧石器が安定して包含され、その年代や新旧の関係がわかりやすい調査研究上で条件のよい遺跡、代表的な遺跡であった。

二人は道路の切り通し断面から石刃を発見して抜き取り、手をとりあって喜んだという(河合一九八七　前掲)。沖積世に堆積した地表面の黒土の下には、更新世、つまり約一万年以上前に堆積した褐色の火山灰層があり、そこに包含されていた「火山灰層からの抜き取り」石器は、否応なく旧石器と認定できる。そして鎌田は藤村と連名で、七五年三月までに発見された六か所の旧石器時代遺跡を論文に発表した(鎌田俊昭・藤村新一　一九七五「宮城県大崎地方西北部における先土器時代遺跡群」『研究紀要Ⅱ』宮城県多賀城跡調査研究所)。

付け加えると、考古学の世界では遺跡や遺物の資料紹介文や論文を書く場合、発見者がそれの発表を承知してくれたことに対する感謝を表して、発見者を名前だけの共著者にすることがよくある。このことは考古学界において遺跡・遺物の発見が重視され、学問の重要なスタートを担う一面をもつことを端的に示している。しばしば発見第一主義が批判されるが、発見を抜きにして考古学は語れないという大きな側面は否定できない。その結果、研究が宝探し的で楽しい遺物採集や発見に留まってしまい、発見者と研究者が階層的な役割分担をもったり、研究が理論的・方法的に深化しないという面を合わせもつこととなる。

藤村との出会い

一九七四年八月十七日にも藤村らは、座散乱木で軟質の黄褐色火山灰層下部より石刃を抜き取るなど数点の石器を採集した。さらに、藤村は、同年暮れに旧岩出山町上野目の工場予定地で、土地造成によって遺跡(宮城平A―1遺跡)が破壊されているのを見た。彼は、そこで拾った石器・土器を持って旧岩出山町教育委員会に赴き、同教育委員会はこの地域の遺跡の実状にくわしい遠藤智一に連絡した。数日後に藤村は遠藤宅を訪れ、お互いに採集した石器を披露しあった。遺跡破壊の情報は、県文化財保護課にも伝えられた。県は、この遺跡の保護と工事との調整に入った。

一九七五年二月八日には現地調査が行われ、旧石器時代の重要な遺跡と断定された。旧石器研究の権威・東北大学芹沢長介教授にも遺跡保護への協力が求められた。事態を重視した芹沢は、当時考古学研究室の助手であった私を現地に派遣した。三月十六日に私は県文化財保護課の係長に連れられて現地に出かけた。弱冠二七歳であったが、宮城県では数少ない旧石器研究者として遺跡を確認し、恩師である芹沢教授の所見を伝えると共に遺跡の重要性について解説した。工場側との保存協議も重ねられ、遺跡の中枢部と推定される地域を工場敷地内に緑地として残すことで落ち着いた。この時が、私と藤村・鎌田らとの初めての出会いとなり、この折りに三太郎山遺跡にも案内してもらった。この時、藤村は、皆と一緒にいたはずだが、ほとんど印象は残っていない。

石器文化談話会の設立

大学院で旧石器を研究した鎌田は、宮城に帰って古代を研究する多賀城跡調査研究所に就職したが、旧石器研究の夢を捨て切れなかった。そして、地元で美術教師の傍ら考古学の調査を続けていた遠藤と、藤村に出会った。旧石器研究を続けたい鎌田は、さらに調査の実務・実働部隊ともなる院生・学生と彼らをまとめ、指導していた私や、旧石器に関心をもつ県内の研究者を誘い込み、一九七五年四月に三〇人ほどで「石器文化談話会」を組織した(岡村道雄　一九八八「前期旧石器の夜明け」『図説検証　原像日本5　遺跡に浮かぶ古代風景』旺文社)。以後、統括的立場であり、年長であった鎌田、大学で旧石器研究を続ける私とその院生・学生が核となり、石器探しの名人・藤村が加わり、さらに地域活動・地元との連携、民間にも開かれた調査・研究を標榜して組織作りがされてきた。

座散乱木遺跡第三次発掘報告書（石器文化談話会 一九八三）には、創設以来の活動の目的・主旨を、およそ次のように記している。

(1)地域での研究を核とし、その成果を地域に還元する。

(2)石器時代遺跡と埋蔵文化財の保護を図る。

(3)専門の研究者と民間が共同研究を進め、自由で開かれた学問や発掘などの場をもち、成果を共有して普及・活用も進める。

私はこの当時、東北大学文学部助手二年目であった。縄文時代晩期の北海道聖山《ひじりやま》遺跡の発掘調査を初めて担当し、院生や学生と共にその発掘調査報告書の作成を進めていた。一方では、日本列島最古の旧石器文化（中期旧石器時代）の立証を研究課題としていた。つまり、宮城県の後期旧石器文化研究は、直接的な研究テーマではなかった。しかし、大学での考古学研究を地域に役立てられることと、学生にも遺跡の保存・活用、地域や他分野との連携・共同研究の意義・大切さを学ばせたいと思い、石器文化談話会設立の趣旨に賛同した。談話会は鎌田・遠藤・岡村らが発起人となった。ほかに県と県内市町の教育委員会に属する発掘担当者、考古学専攻の大学院生・学生らが中心となり、遠藤のように遺跡を巡り、土器や石器を収集していた民間の研究者、マスコミや書物を通して考古学に興味を持った人なども加わるようになった。職業も教員、警察官、自衛隊員、会社員、主婦、定年退職後の人など老若男女さまざまであった。

藤村らが行っていた旧石器遺跡の踏査は、「石器文化談話会（以下、談話会と略称する）」の月一回の例会に引き継がれていった。談話会は、旧石器時代に関する勉強会と共に、まず研究や保護対象になる旧石器時代の遺跡を発見して、分布状況を把握することから活動を開始した。晴天なら、十数人が集って野外で旧石器遺跡の踏査を行い、藤村がそれ以前に単独で見つけた遺跡を確認するという調査活動であった。つまり、新たな遺跡の発見も試みるが、ほとんどの時間は藤村が発見した「遺跡」に案内され、「石器」の出土位置と出土状況を確認・記録することに費やされた。

藤村とは月一回の談話会でしばしば顔をあわせた。談話会は、毎年三〜六回ほどが遺跡踏査に当てられた。私は踏査には年に一〜三回ほど参加する程度であったが、その際にはいつも藤村がいて一日中皆と一緒に遺跡を捜して歩いた。座散乱木・鹿原《かのはら》Dなどの発掘がほぼ毎年行われるようになると、会社員だった藤村は土日や休日に参加して私たちと共に発掘した。踏査や発掘の機会以外は、個人的なつきあいはなかった。

藤村はいつも寡黙にして、大きな太い体でそばにヌーッと立ち、様子をうかがっているような印象だった。朴訥で気のよさそうな、喜怒哀楽を示さない一人だった。私の前では酒の席でもはしゃぐ様子を見せたことはないように思う。彼が石器を見つけた時も、なんとなく気配を感じて傍に寄って見ると、「これ出たんだけど」と、言葉少なに語って見せてくれた。あたりに気を配りながら、神経を尖らせて行った、自作自演の捏造後の雰囲気だったのかもしれない。

発掘の仕組み

踏査によって「石器」が発見された場合、まず出土した場所を確認し、そこの堆積層を地層の色や粘性、火山性の岩片や軽石の粒、砂や小石、炭粒の混じり方などの特徴によって地層を堆積した順番に区分し、層の境界に線を引く。それにメジャーを当てて各層の厚さを測り、堆積状況をスケッチする。さらに「石器」を発見したという位置をスケッチ（柱状図）に書き込み、石器の出土状況や堆積層の写真を撮った。この調査・作業は、考古学専門の者が行った。特に、その堆積層が、どんな地層で、どのような順番でいつごろ（堆積年代）堆積したかを明らかにすることによって、そこで発見された石器の古さが推定できる重要な検討段階であった。

つまり、この地域一帯に共通して降下したり堆積した地層（ある地域の基本層序である）を把握し、堆積層を編年して、そこから抜き取ったり出土した石器を、層位学・年代学的に位置づける。層序の理解・解明には、堆積学や土壌学などの専門家に発掘調査はもちろん、必要な場合は踏査にも参加していただいて、共同研究を進めた。そして、この基本層序の各層を理科学的に年

No.1

なってきました。またこの日、安沢と座散乱木の9～11層にかけて20点近い石器が採集され、例会で採集した石器と共に前期旧石器解明の糸口の貴重な資料となるものです。20日の例会ではこの他に黄褐(4層)直下よりヘラ状石器1点、5層と8層上面から石器が各1点採集されました。

新年度そうそう思いがけない暴聞が有り、うれしいことですが、露頭からの石器の採集は、遺跡を傷つけることになりますから、既にある程度状況が把握された遺跡については露頭を削ることはなるべく慎しみたいと思います。なお、今回採集された資料は、現在、岡村、鎌田両氏が今迄採集された石器と共に研究紀要に載せる論文を執筆中で、早い時期に皆さんに公表できるものと思います。

'79年度会計報告

・収入の部

繰越金	43940	(この他の7万円はカンパに支出)
会費	50,000円	
カンパ(3口)	13,000円	

・支出の部

切手	25660	修正インク	110
封筒	576	領収書	176
ハガキ	2820	ゴム印作り換え	800
会報印刷	3148	模造紙	58
資料コピー	4030	預金引出し手数料	200
川渡迄旅補助	2504	計	40132円

・残高 66,808円

昨年度は発掘を行ったため、若干会計が混乱し、報告が遅れたことをお詫びします。会費収入を見ての通り、未納の方がかなりいます。なかには二年越しの方もいるようですが、滞納著しい方は除籍することもあります。また、発掘カンパと会費をごっちゃにして納められた方がおられるかもしれないのですが、その場合はその旨御通知ください。また、報告書の売り上げは別会計でまだ黒字になっていません。発掘にお寄せ頂いたカンパにつきましては、残金は先にお断りいたしましたように報告書作製費(1次調査)の支払に充て、他に2万円あまりを現在整理費として使っています。本年も会費は1000円といたしますので宜しくお願いします。

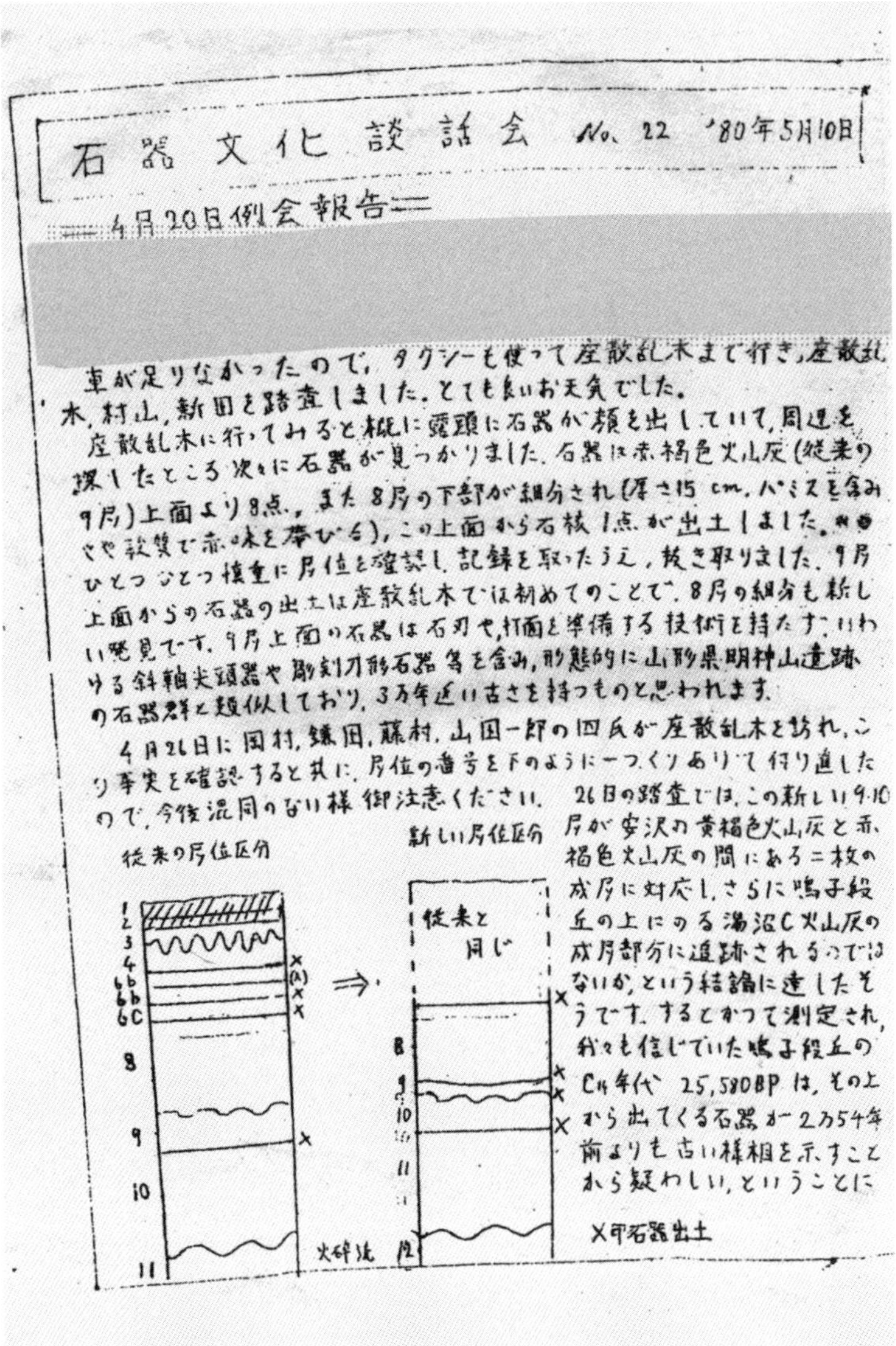

石器文化談話会　No. 22　'80年5月10日

4月20日例会報告

車が足りなかったので、タクシーも使って座散乱木まで行き、座散乱
木、村山、新田を踏査しました。とても良いお天気でした。
座散乱木に行ってみると既に露頭に石器が顔を出していて、周辺を
探したところ次々に石器が見つかりました。石器は赤褐色火山灰（従来の
9層）上面より8点、また8層の下部が細分され（厚さ15 cm、パミスを含み
やや粘質で赤味を帯びる）、この上面から石核1点が出土しました。
ひとつひとつ慎重に層位を確認し、記録を取ったうえ、抜き取りました。9層
上面からの石器の出土は座散乱木では初めてのことで、8層の細分も新し
い発見です。9層上面の石器は石刃や、打面を準備する技術を持たずいわ
ゆる斜軸尖頭器や彫刻刀形石器等を含み、形態的に山形県明神山遺跡
の石器群と類似しており、3万年近い古さを持つものと思われます。
4月26日に岡村、鎌田、藤村、山田一郎の四氏が座散乱木を訪れ、こ
の事実を確認すると共に、層位の番号を下のようにつくりなおして付け直した
ので、今後混同のない様御注意ください。　26日の踏査では、この新しい9・10
層が安沢の黄褐色火山灰と赤褐色火山灰の間にある二枚の
成層に対応し、さらに鳴子段
丘の上にのる湯沼C火山灰の
成層部分に追跡されるのでは
ないか、という結論に達したそ
うです。するとかつて測定され、
我々も信じていた鳴子段丘の
C14年代 25,580BP は、その上
から出てくる石器が2万5千年
前よりも古い様相を示すこと
から疑わしい、ということに

図４　石器文化談話会報（座散乱木露頭より「中期旧石器」発見）

代測定して、堆積年代を推定した。このような堆積層の理解、基本層序の確立、堆積年代の推定は、旧石器研究の大きな柱である。ここでも、すでに石器を見つける人（藤村）と調査・記録する人との役割分担ができていった。

2 本格化する発掘活動

薬莱山麓へ

談話会の設立前後から鎌田らは、有望な旧石器遺跡を早く発掘したいとしきりに語り、鎌田は翌年の一月に談話会例会で「座散乱木遺跡発掘調査について」と題して発掘を提案していた。そして、一九七六年十月二十九日から十一月四日まで「談話会」は、座散乱木遺跡で県内最初の旧石器時代遺跡の発掘調査を実施した。続いて埋蔵文化財（遺跡）の保護対応として開発の事前に緊急に行われる「行政発掘・緊急発掘」などと呼ぶ発掘調査が必要になり、その二年後となる一九七八年八月に小野田町（現・加美町）鹿原Dで開発事前の確認調査を実施した。次いで、一九七九年には座散乱木第二次発掘調査を実施した。

これら初期の「旧石器時代遺跡」の発掘調査や踏査は、宮城県北西部の江合川中流域と薬莱山麓で行われた。鹿原Dは薬莱山麓に位置する。七月三十日に談話会が、薬莱山麓を踏査した。その際、鹿原で行われていた畜舎建設現場で数点の「旧石器」を発見し、宮城県教育委員会文化財保護課に通報した。そこで二〇〇平方メートルの小規模な範囲を確認調査し、遺跡の保護対応を協議することとなった。発掘調査は、県文化財保護課職員、東北歴史資料館から私、多賀城跡調査研究所から鎌田俊昭が調査員となって、八月二十三〜二十七日の五日間実施した。「談話会」も発掘に参加することになったが、緊急なことであり、短期間の発掘でもあったため藤村が一日だけ参加して石器を見つけたと記憶している。発掘前には何が見つかるか予想できなかったが、結果的には約一万年前に降下した肘折火山灰層の最下部とその直下から「有舌などの小型尖頭器や石錐《せきすい》」と「隆線文土器片」など八点が、発掘区隅の径五〇センチほどの狭い範囲から発見された。さらにその下層から「細石刃核やヘラ状石器」など一六点が、二メートル四方の発掘区内から散在して発見された（小野田町教育委員会　一九八〇）。少ない資料ではあるが、もちろん宮城県で二番目の旧石器時代遺跡の発掘であり、縄文時代の始まりの様相と細石器文化が初めて確認でき「大きな成果」をあげた。この新旧二層にわたる二か所の「遺物集中」は、発掘に中途参加した藤村が埋めたと現在は推定される。この発掘結果を受けて畜舎の建設位置を南にずらして「遺跡」は保護された。

鹿原Dでは、肘折軽石層直下の遺物集中に一致する範囲が、やや黒ずんでいた。そして土壌分析結果では、「約二パーセントの腐食を含み、粘土含量も上位の肘折軽石層より高い」ことを理由にして、この薄い層は数百年程度の短期間に土壌化を受けたと解釈された（庄子貞雄・山田一郎　一九八〇「付篇　土壌分析の結果」『鹿原D遺跡』）。つまり、発掘所見としては壊れた道具や作りかけの道具、食べ残しなどの有機物が廃棄され、腐植・汚染を受けて黒ずんでいると見え、土壌学からも地表面として露出していた時に腐植含量が高くなり、粘土化も受けたという考古学的所見に符合する分析結果とその解釈がされた。さらに、その「腐植層」とそれに含まれていた遺物を、肘折軽石の降下期に近い約一万年前のものと考えた。

旧石器遺跡の発掘方法

通常、旧石器時代の遺跡は川沿いの台地上にあり、日当たりのよい南向きのゆるい斜面に立地する。そこに道路が切り通されたり、土地造成されたりしてできた地層の崖面から石器が発見されて、遺跡であることが明らかになる。そこで発掘する場合は、石器が発見された地点とその周辺の地形を見て、石器が出土する確率が高くて掘りやすい場所を選定して、二・三メートル四方の発掘区をいくつか設定する。各々の発掘区の担当者を決めて、表面の黒色土・耕作土などから順次掘り下げていく。黒色土層中に旧石器時代より新しい遺構・遺物が発見された場合は、それを掘り、検出状況を記録する。

火山灰起源の赤土層に到達すると、石器や礫（焼けた礫《れき》から構成される礫群が多い）が、出土し始める。石器は、直径四・五メートルほどの、ほぼ円形の範囲にまとまって残されている場合が多い。ただし、土を掘り込んだ家や墓などの遺構は、全くといっていいほど発見されない。そこで、唯一人工品として発見される石器の種類・組み合わせとその位置関係は、そこで行われた旧石器人の活動痕跡を示す研究の一基本単位として重要である。つまり、安定して堆積した火山灰の地層には、火山の噴火や風などで飛ばされた小礫が混じることがあるが、基本的には、人が持ち込んだ石器や礫が発見される。安定して堆積した火山灰層に含まれた石は、人工品・石器だということになる。

当時の地面を掘り込んで作った竪穴の建物や墓、あるいはゴミの捨て場などの生活・活動の跡を遺構と呼び、そこに埋納・放置されたり捨てられたものを遺物という。遺物が使われていたり置かれていた本来の場所に残されていた場合は、その(出土)状況・状態から遺物の使われ方・機能・用途が明らかになったり、逆にその遺構が何だったかが明らかになることがある。しかし、性格や機能などがわからない遺構・遺物は大変多く、まずはそれらを解明するのが一義的に重要な研究課題である。そこで遺構に土層がどのような状況・順番に埋まったか、遺物もどのような状況で埋もれていったのかについて観察し、写真を撮り、遺物の形や出土した方向まで図化して記録を残す。もちろん、最初の発掘調査例となった座散乱木から、このような方法に則ってきちんと発掘し、記録も取っていた。見逃してしまいがちな微小遺物は、第二次調査からは遺跡内でどのような石器製作が行われていたかなどを明らかにするために、掘り上げた土を洗って石器製作時に生ずる石屑（チップともいう）の抽出・発見に努めた。また、地層内の一定範囲に散在して発見された炭粒についても、火が焚かれた場合を特定するなどの目的で発見に努めて細かく記録した。遺構はある地表面に重なって掘り込まれることも多く、それらの重なりの新旧や、そこに埋まった堆積土層・地層の上下（新旧）関係（これを層位関係という）によって遺構やそれらに含まれている遺物の新旧を明らかにする。このように、地層・土層の特徴や成因などを捉えるとともに、地層の上下・新旧、つまり層位関係を捉えて発掘する。このような、遺物の共存関係や新旧関係を把握して発掘することを層位的発掘と呼ぶ。そもそもは地質学や化石発掘の際に、地層や化石の新旧関係を明らかにする研究に用いられてきた方法を基礎にしている。

発掘に当たっては、科学的な実験と同様に掘る目的と方法を設定し、結果・成果を予想する。遺跡は掘ってしまえばなくなってしまうものであるから、他者に資料を提示して発掘の方法、過程、結果を実証的・客観的に説明できなければならない。したがって発掘が終了したら、記録類や出土品の整理・分析を経て、発掘の経緯から、成果と問題点までを発掘報告書にまとめる必要がある。それを踏まえて、次の実験（発掘）を企画・立案するという流れで、発掘調査・研究が行われなくてはならない。ただ掘るだけの発掘は、発見のみを目的にした宝探しに等しい。ただし、遺跡を発掘によって掘り崩していく過程を全て記録することは現実的には無理である。また現場で記録したとしても、全てを報告書に掲載・記載することも難しい。

捏造された遺跡でも、このような遺跡の原理・原則や一般的な状況と同様に、石器が出土していると見えた。そして、前述したような精緻な発掘と記録を取って発掘を進めた。読者におかれては、藤村による単純な捏造を、そのような科学的な分析によってなぜ見抜けなかったのかと疑問をもたれるであろう。その点に関する考察は後述したい。

層位と型式

ある地域のある時代の石器を観察すると、形や作り方などに共通した特徴が認められる場合がある。この特徴を石器の型式という。この特徴を捉え、さらにその時代的変化を明らかにすることを石器編年研究という。この一連の変化を捉えれば、石器文化の変遷が把握でき、またその編年は時代変化の物差しとなる。つまりその物差し（石器の型式変化・編年）を明らかにしておけば、ある型式の石器が出ればその古さがわかり、その石器が出た遺跡や遺構の古さ・年代がわかることになる。

遺物の新旧、型式の新旧を確実に示すのは、それが含まれていた地層の堆積の上下、つまり新

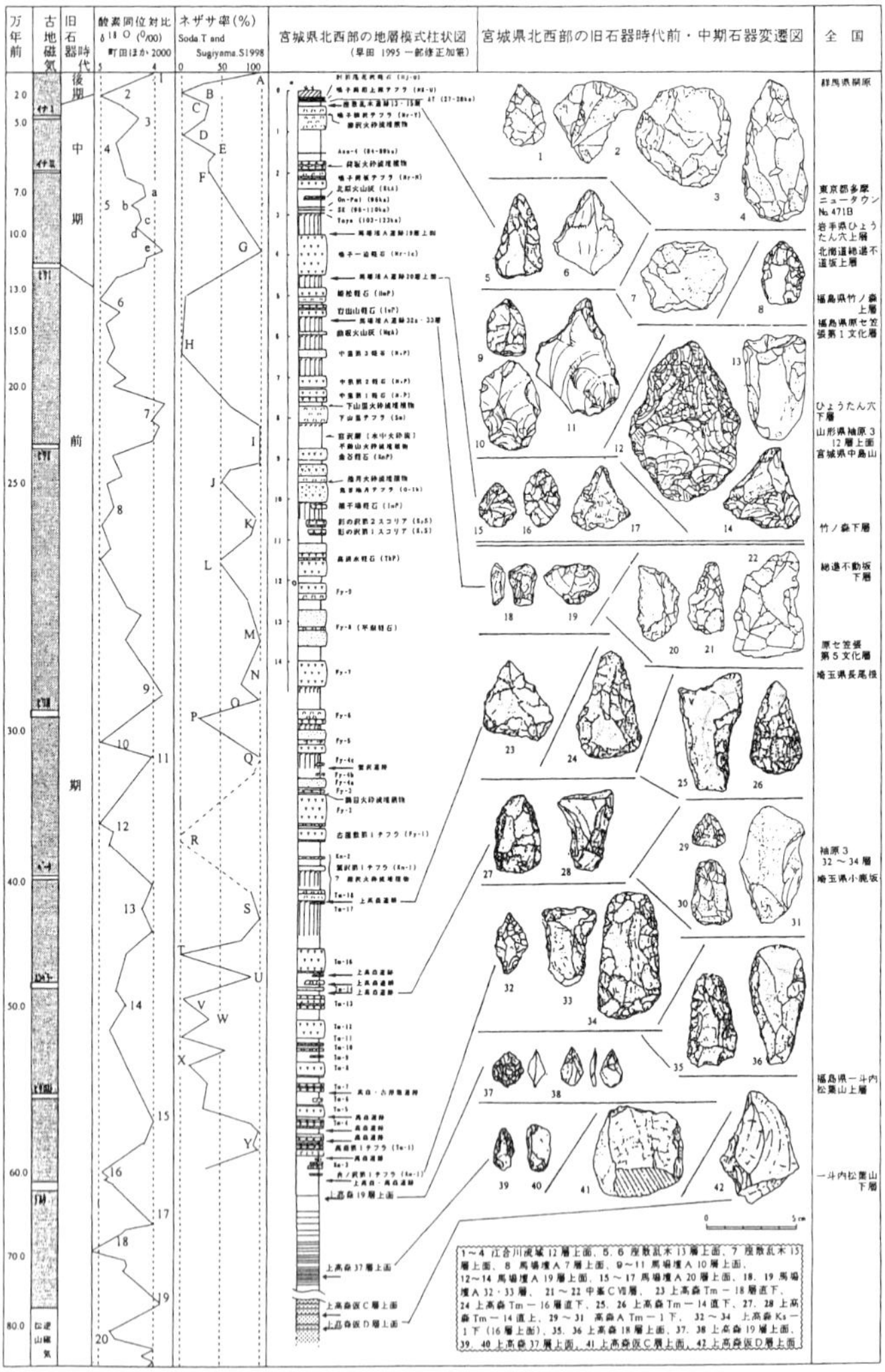

図5　鎌田らが「捏造発覚」直前に作成した宮城県北西部の前・中期旧石器編年表（約 70 万年前までの火山灰土層の標式的な層位関係を捉えて各層から「出土した石器」を新旧に並べる）

旧である。したがって旧石器の型式編年研究を進めるためには、主に火山灰・火山噴出物を起源とする旧石器時代の地層の、まず堆積順序を把握して、ある地層がその堆積順番のどれに当たるかが判断できなければならない。そして地層とその堆積に乱れがないことを確認して、含まれていた遺物の特徴を捉えてその特徴が繰り返し新旧関係で現れた場合に編年が確定する。これを層位学による編年という。したがって、時間をかけて発掘や地層断面の石器抜き取り調査を積み重ねて、初めて編年が捉えられる。この編年結果は、考古学研究において年代の物差しとなる。つまり、ある特徴をもった遺物が出てきた場合、この編年に照らし合わせてその遺物の年代を推定・判定する。

一方、遺物の変化（型式）の方向性・連続性を捉えて編年する型式学的編年がある。これによって、もともと含まれていた地層を離れてしまった遺物でも、型式に照らし合わせて年代が推定できたり、遺物の特徴を型式変化の過程に照合して年代的位置が推定できる場合がある。しばしば層位は、型式に優先するかしないかという議論を聞くが、前述のように両者の有効性はケースバイケースであることはおわかりいただけると思う。

ところで中期旧石器時代以前の石器は、日本列島内で確実なものは知られていないので、まずその時代に該当する地層からどんな石器が出てくるかから研究をスタートするしかない。そして似た特徴をもった石器が、繰り返し発見されて、初めてその時代を特定できる標識的な型式が認定できるのである。ただし、明らかにほかの時期・地域の型式的特徴をもった遺物がでてきた場合には、型式学的な判断を有効に働かせなくてはならない。藤村は遺跡捏造用の石器には、時代の特徴が現れにくい石器を用いて捏造が露見しないようにしていたようだ。ただし、今、冷静な目で再検討してみれば型式的に新しい疑いのあるものが含まれており、型式に重きを置いて観察していれば、不自然さを見抜けたかもしれない。

3 「座散乱木」への道

旧石器発掘を目指して

座散乱木遺跡は、先述したようにこの地域の旧石器研究にとって最も有望な遺跡と目されるようになった。ここを発掘すれば、宮城県初の旧石器時代遺跡の発掘となり、初めてこの地域の旧石器文化の様相が明らかになる。地域研究の核となる県内で注目された発掘だった。また、旧石器を発掘することによって遺跡の存在と意義をアピールして保存を進めることも目的とした（石器文化談話会編　一九七八『座散乱木遺跡発掘調査報告書』石器文化談話会）。

図6　座散乱木の第一次発掘調査風景

一九七六年十月二十九日から十一月四日までの七日間、宮城県で初の旧石器遺跡の発掘を実施した。多賀城跡調査研究所や東北歴史資料館、宮城県教育委員会文化財保護課や市町教育委員会の発掘担当職員、県内大学の考古学専攻生、地域の考古学研究者、遺跡に興味関心を持つ地域の方々や市民など幅広い人びとが集まり、四四名以上が発掘に参加した。旧岩出山町内の寺に合宿し、みんなで自炊しながら行う自費参加の「手弁当発掘」だった。発掘届けは、談話会代表鎌田俊昭が提出し、発掘担当者は遠藤智一・鎌田俊昭・私などであった。県内の考古学関係者の総力を結集して学術発掘にのぞむという気概があった。発掘費用は、参加者が自ら資金を拠出し（自費発掘）、ほかに全国から多くの研究者や研究仲間など、五三名の資金援助を得て実施された。

参加者が多方面にわたるだけでなく、見学者も多かった。発掘成果の現地での説明会（現地説明会、現説という）も開いて、自由で開かれた発掘現場であった。このような自由で開かれた共同の学術目的の発掘（学術発掘）は、現在は全国的に見ても極めてまれである。今、全国で行われている発掘調査のほとんどは、開発が行われて遺跡が壊される前に、遺跡が破壊される部分について緊急に発掘して発掘記録と出土品などを残す「記録保存」のための緊急発掘調査である。多くは国や地方自治体あるいはそれに準ずる公団・公社などの公共事業が原因で、原因を起こした者が発掘費用（つまり多くが税金で賄われる）を負担することになっている。発掘は、県や市町村と各財団法人の埋蔵文化財センターなどが実施し、行政的なシステムで行政的に行われる。

「談話会」の発掘は、学生たちが中心になって作業を進めた。掘り方の手順を決め、堆積層の区分や堆積順序（新旧）を検討し、スコップ・ジョレン・移植ゴテなどで掘り進める。石器が出土したら出土位置の記録・写真撮影なども行う。若くて体力・知力が充実した学生たちが実務を担当し、一連の発掘・掘削実務を主体となって進めて行く。土日には、発掘を職務にしている行政内の専門職員が参加し、指導的な役割を果たした。発掘には地元の人や仙台の民間人など、ほとんど発掘したことのない人も参加する。藤村も石器はよく見つけるが、発掘経験や専門知識などは彼らとほとんど同じだったと思う。

発掘の熟練度なども勘案して、熟練者と初心者をペアにして三×三メートルの各発掘区に配置して発掘を進めた。その組み合わせは参加者の顔ぶれを見て決める。

一方で、現場のテント設営や発掘器材の管理、お茶の用意、発掘区周辺の管理・清掃、宿泊所（近くの寺）の運営管理、貸し布団や食事・弁当の用意、当該の町教育委員会や地主・近所の方々との連絡調整に至るまで、発掘作業・掘削とは違う役割も多い。当番を決めていた役割もあるが、初心者であるとか、体力がないということで、黙ってゴミを拾ったりお茶を用意したり、掘った土を一日中運んで捨てている人もいる。それぞれが自分の役割を認識し、発掘を支え、一つの目的に向かって進んでいた。

遺跡の掘削に当たっては、それぞれ担当した目の前の発掘区を掘ることに専念した。そのために、ほかの発掘区の様子に関心が行き届かず、連携・調整が疎かになっていたかもしれない。そして各区の発掘成果を信用して、それらを総合して全体の成果としていた。一日の発掘が終了すると食事当番が用意した夕食をすませて、ミーティングを始める。各発掘区の作業状況、発掘成果、問題点、見学者、当日の出来事などが報告され、皆で検討した。時には旧石器や関連分野の自然科学分析などについての勉強会も夜遅くまで行った。その後は、いつもは一緒にいない各方面の人びととの集まりなので、慰労と懇親、情報交換も兼ねて飲み会となった。なお、発掘指導は芹沢教授を始めとした東北大学の先生方にお願いした。そして、随時、重要な発見を契機に現地に来ていただいて指導を受けた。

藤村は、発掘経験はなかったし、考古学を専攻したわけでもなかった。発掘区の責任者をまかせられるわけでもなく、夜のミーティングで発掘作業の成果を発表することもなかった。一緒に長時間石器を掘ったり、発掘作業をしている姿を見たことがないので、どの程度の発掘能力をもっていたのかは全くわからない。与えられた持ち場でじっくり掘ったり、発掘作業に専念していなかったように思う。ただ、石器を掘り出しては皆の注目を集めていたので、よく石器を見つける勘のいい人だとの定評はできつつあった。考古学を専攻している学生や専門家と肩を並べて発掘でき、一人前に認められていたことは彼にとっても大きな喜びだったに違いない。

なお私は、後述するように仙台市北前の発掘時に、藤村と並んで石器を掘ったことがある（八二頁参照）。北前は仙台市教育委員会が発掘主体者であったため、私は発掘区に入って実際に自分で掘ることができた。しかし、通常私が担当する発掘調査では、発掘全体の運営・進行に目を配り、日々の参加者の役割分担を考え、地層の見方や掘る手順などを指導し、マスコミ対応など総括的な仕事で手一杯であった。

最古「動物形土製品」の出土

発掘を進めるに当たっては、まず石器を見つけた道路の切り通しと遺跡の南側露頭の間に碁盤の目状に発掘区を設定した。表面の畑の耕作土をスコップで掘り除き、移植ゴテに持ち替えて発掘区内を少しずつ下に掘り進めた。埋まった土が周囲の土と異なっている竪穴や土坑などを見つけて掘ったり、堆積層の層位的な違いを見つけて上下に区分けして掘り進んだ。堆積層の上面（層理面という）は各時代の地表面、つまり遺構が掘られたり、遺物が残された所に当たるので、特に期待して注意深く掘り進めた。少しずつ削るように掘るのだからなかなか進まず、地味で根気と体力のいる作業である。各地層の堆積状況や層位区分、層の特徴の観察などについて、常に皆で議論しながら掘り進める。縄文時代早期の竪穴建物が見つかり、土器・石器もたくさん掘り出された。

約一万年前に山形県の肘折温泉が噴火して降った軽石が混じった地層を掘り進むと、第一次発掘では、大きな穴（風倒木痕）に埋まったローム層（約一万年以上前に堆積した火山灰などを起源とした粘土・砂・シルトがおよそ等分に混じった土壌）の中から「縄文時代草創期の有舌尖頭器や木葉形尖頭器など」が、一メートル×五〇センチくらいの狭い範囲から見つかった（一七五頁、図25参照）。

この南東隣りの発掘区の壁際からは、五〇センチほどの幅に並んで同様の石器が発見された。その西端に近い壁際のピットの中から、「日本最古の動物形土製品」が発見された（石器文化談話会編　一九七八『座散乱木遺跡発掘調査報告書』石器文化談話会）。

また第二次発掘でも、風倒木痕の東隣りの同層位で同様の石器群が、一まとまりになって発見された。そして、そのすぐ脇の発掘区や風倒木痕の北隣りからは、埋め土が二種類に分かれる径

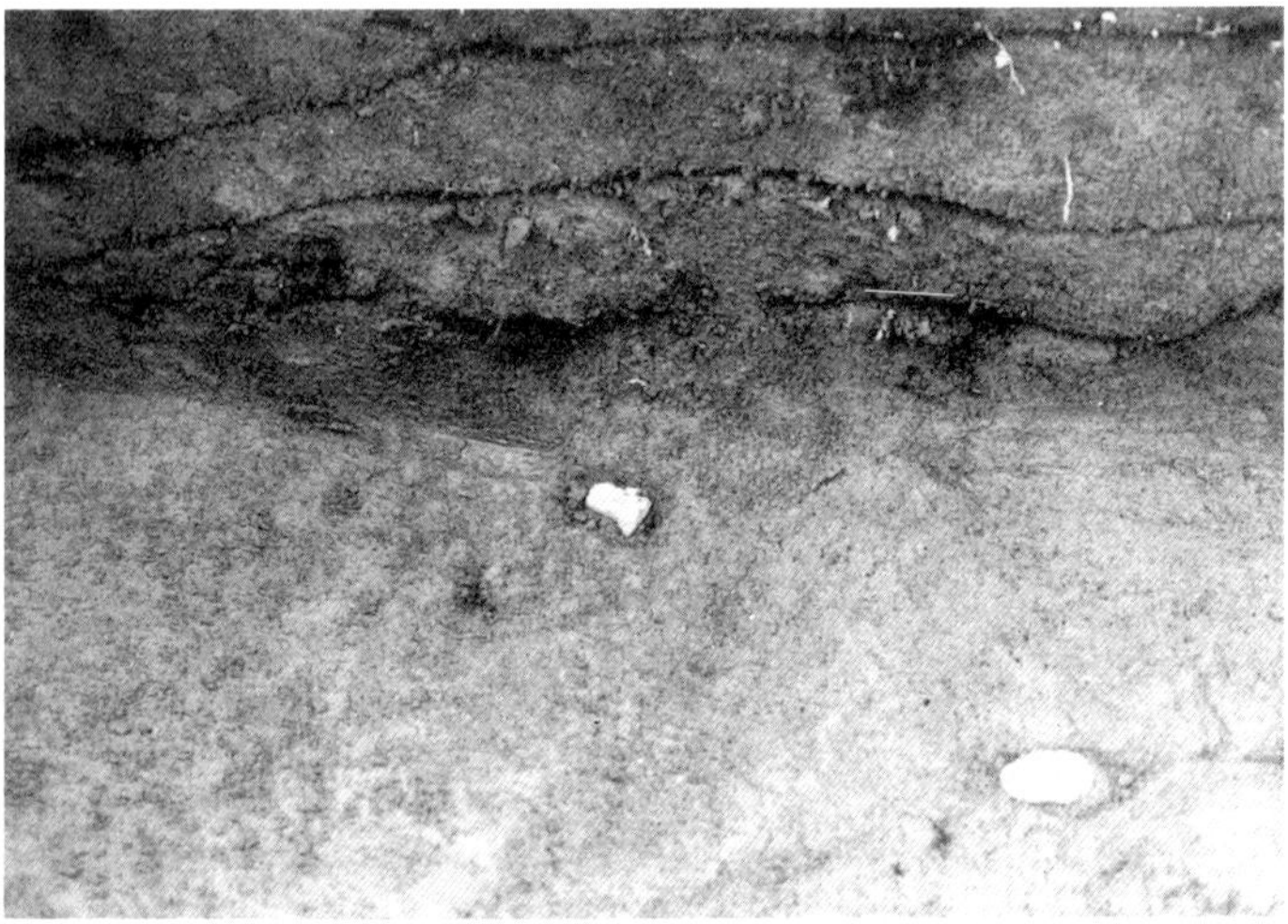

図7　「動物形土製品（上)」と石器の出土状況

三〇センチほどの新旧ピット（掘り込まれた小さな穴）群が、ややまとまって配列されたように発見され新旧二時期の平地式住居状遺構と考えた。ここからも「有舌尖頭器や木葉形尖頭器など」が発見され、一緒に羽状縄文土器も発見された。縄文時代草創期に羽状縄文土器があるはずもなく、慎重に出土場所を精査した。しかし、何らかの撹乱や落ち込みも確認できなかったので、同層位に属する新発見の羽状縄文土器だと判定した(石器文化談話会編　一九八一『宮城県玉造郡岩出山町座散乱木遺跡発掘調査報告書』石器文化談話会)。

やがて道路断面で石器が発見されていた旧石器時代の地層、つまりローム層まで、発掘は到達した。もう石器が出てもいいはずだが、念願の旧石器はなかなか見つからなかった。

そして、第一次発掘の終了を三日後に控え、台風で雨が降って発掘を休んだ夜に、もちろん藤村も参加して旧石器発見の願いも込めた盛大なお天気祭り（雨の日の夜に翌日の晴天を願ってする酒飲み祭り）を宿舎で行った。翌朝、各発掘区に被せていたブルーシートをめくり上げて、D7発掘区の雨で湿ったローム層の上面から、ちょうど発掘区（三×三メートル）の範囲に収まるように後期旧石器時代に典型的な石刃素材のナイフ形石器を含む四六点の石器と、何も加工や使った痕跡のない川原石が三点並んで、次々に発見された（図8）（石器文化談話会編一九七八『座散乱木遺跡発掘調査報告書』石器文化談話会誌第一集）。

その前日までに、火山灰土層の上面（本来石器が残されていてもよい旧い地表面）を少し全体的に掘り込んだ堆積層の上部に石器などがほぼ水平に並んで出てきていた。これまでもこの地域では、火山灰層の露頭断面での石器抜き取りの際も、ほかの地域と違って地層の上面に石器が、ほぼ水平にまとまって発見されると思い込んでいた。つまり、すでに石器が出てもよい地層を掘り上げたのだから、次に石器が水平に並んで出てくれば、より下位の堆積層上面（旧地表面）でなければつじつまがあわない。そこで、すでに掘った、やや粘性が強く少し黒く汚れた地層を特に七層と呼んで区別することとした。ただし七層はこの発掘区だけにしか認められなかった。それ以後もこの遺跡で七層は確認されていない。つまり、七層の火山灰を少し掘り込んでから、たぶん藤村が石器を面的に埋め込んだため、層位的なつじつまを合わせるために七層を設定しなけ

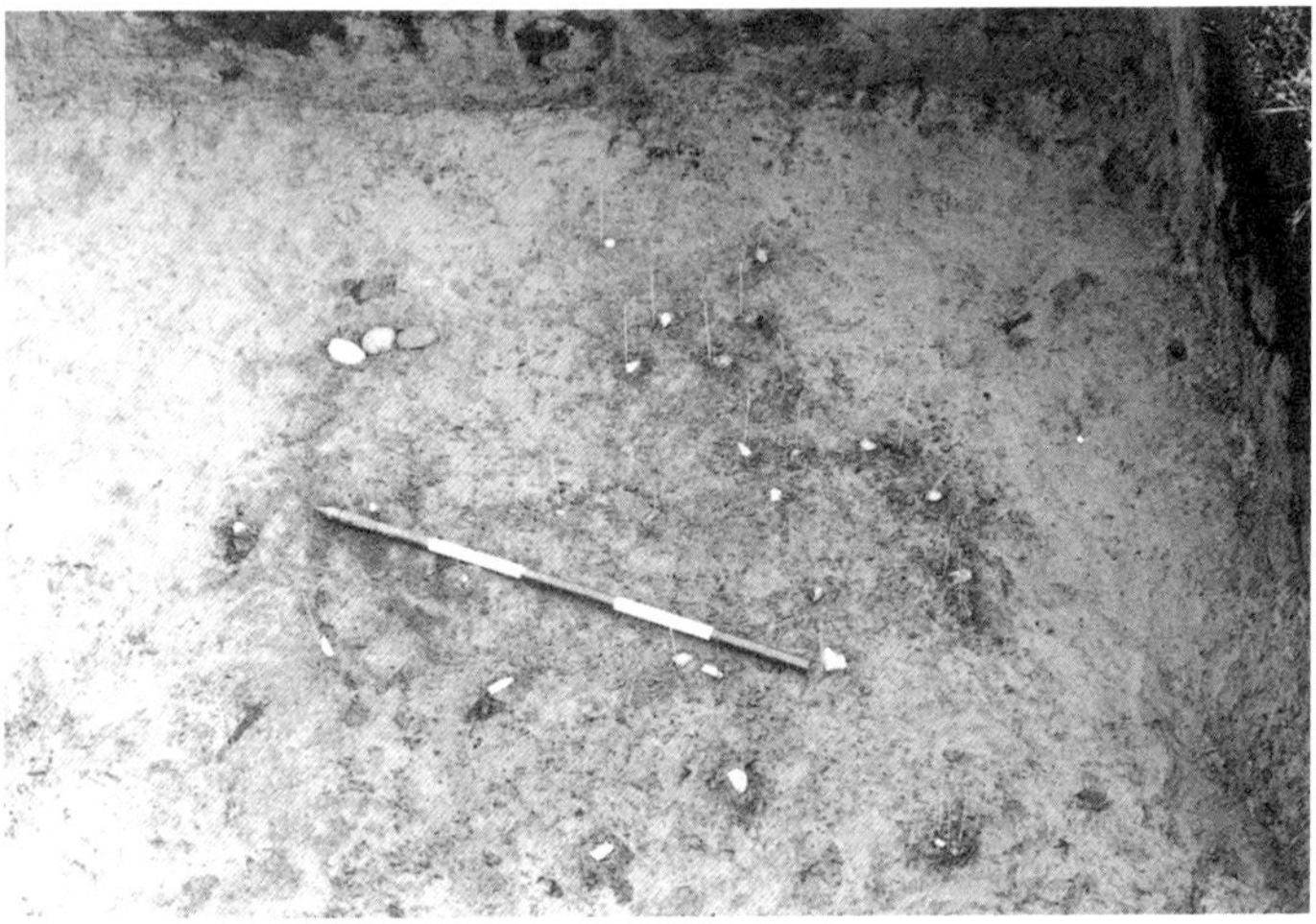

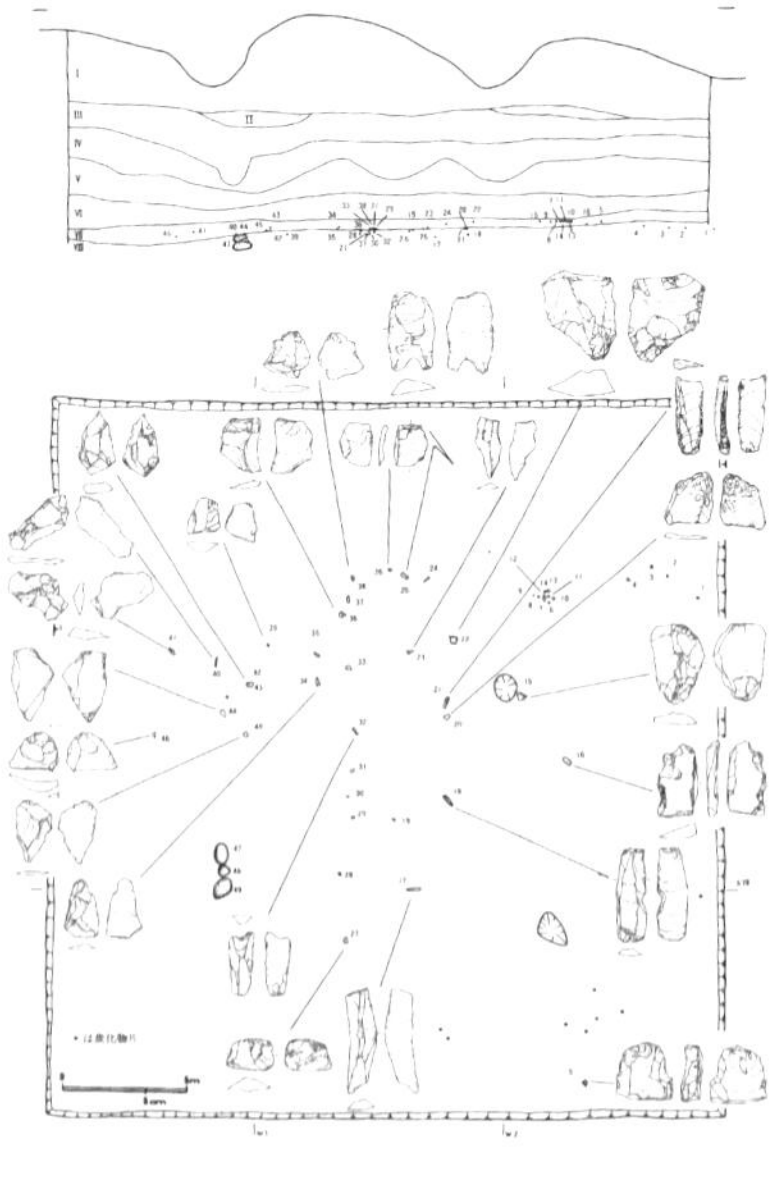

図8　座散乱木一次発掘D―7区石器出土状況（石器出土の範囲がやや黒く汚れ、石器が穴にはめられ周辺にボソボソした土が埋っていることが見て取れる）（上）
土層断面図にほぼ水平に石器が並んでいる（左）

ればならなくなったと今では解釈できる。この少し黒く汚れた地層は、鹿原Dと同様に藤村が土足で踏み込んだための汚染とも考えられる。なお、雨が降って人影のない発掘現場に石器を埋め、翌朝に石器がつぎつぎに発見されたケースは、その後の検討によれば北海道総進不動坂でも同様なケースがあったという。

不思議だった藤村の態度

石器を掘り出すまでの上層に堆積した地層の掘削作業や層位の検討が終わったころに藤村は発掘に参加し、短時間のうちにほとんど彼が石器を掘り出した。その後は、また発掘現場に残った学生などが中心となって記録・写真をとり、最後には、発掘区を埋め戻したり器材を撤収するなどの後始末を行っていた。つまり、石器を掘り出す瞬間の状況には、いつも藤村が関与していたにもかかわらず、「よく石器を発見する人だ」くらいにしか考えなかった。

ところで談話会は、座散乱木遺跡の発掘が計画されてからは、旧石器時代遺跡の発掘を大きな活動の軸にせざるを得なくなった。そして、談話会の実務を伴う主たる活動は、発掘調査と報告書の作成になった。現実的には私と共に談話会に参加した東北大学考古学研究室の学生・院生たちが、発掘や報告書作成の戦力、実働部隊となった。発掘後の一九七六年十二月からは一年間、毎月の例会と三日間にわたる集中整理日を設けて、出土資料の観察・検討、石器の実測や土器の拓本取り、発掘平面図や断面図の整理や製図などを行った。これらのきわめて専門的・技術的な方法も、皆で鍛練して共有しようと考えた。集中整理日には藤村も参加していたと思うが、石器を観察して石器を分類したり、石器の特徴を記載したり、石器を測って図を書く「石器実測図」の作成もできなかった。

そこで私は、本当の私たちの仲間として対等に専門的なことができるようになり、一人立ちして欲しいと思った。私は、休日に事務処理などで勤務先の大学に行く時に合わせて藤村に声を掛け、勉強して欲しいと思った。私が事務処理などをしている机の脇で、二回ほど石器実測の手ほどきを試みた。最初に石器の輪郭を紙に写し取るのだが、それすら満足にやらなかった。実測図作成の習得訓練は、専攻の学生でも実習を何回もやって普段も練習し、一人前になるには半年くらいかかる根気のいる訓練だが、藤村はすぐに飽きてしまっていた。それならば何か、彼にも興味が持て、一生懸命になれる専門的なことを見つけられればいいな、とその後も思い続けた。今にして思えば、結局彼は、石器にも、遺跡にも、難しい学問的な興味はなく、うまくばれないように石器を埋め込むための情報を得、手口を考えるかが重要だったのだろう。彼は石器を発見することを「スコアを上げる」といっていたらしいが、彼にとって楽しかった考古学は「自分で埋め込んだ石器を発見する」真似ごとの考古学だったのだろう。

話を元に戻そう、このころの談話会活動は、前述のように座散乱木遺跡の発掘結果を報告書にまとめる作業を優先せざるを得なかった。本来ならば、皆で旧石器などについて勉強し、一般の人々にも石器文化を知ってもらい、理解と協力の下に遺跡保護も進めるという本来の談話会の活動方針が、なかなか果たせなかった。

発掘と報告書作成の実務だけが重くのしかかるようで、会の存続が危ぶまれることもあった。また談話会の次の発掘も計画・実施できず、遺跡踏査の機会が減った。このことは、藤村が登場・活躍する場面の減少を意味した。そのためか彼は、仙台市の住吉や山田《やまだ》上ノ《うえの》台《だい》など開発事前に記録をとることを目的とした行政による緊急発掘調査の現場も、石器を埋め込む捏造の主たる舞台にするようになったと考えられる。

4　大発見

前期旧石器存否論争

座散乱木の第一次発掘を控えた一九七六年秋に私は、その年の五月九日に藤村・鎌田らによって行われた踏査で、座散乱木の道路切り通し最下部の地層から採取したという石器を鎌田から見

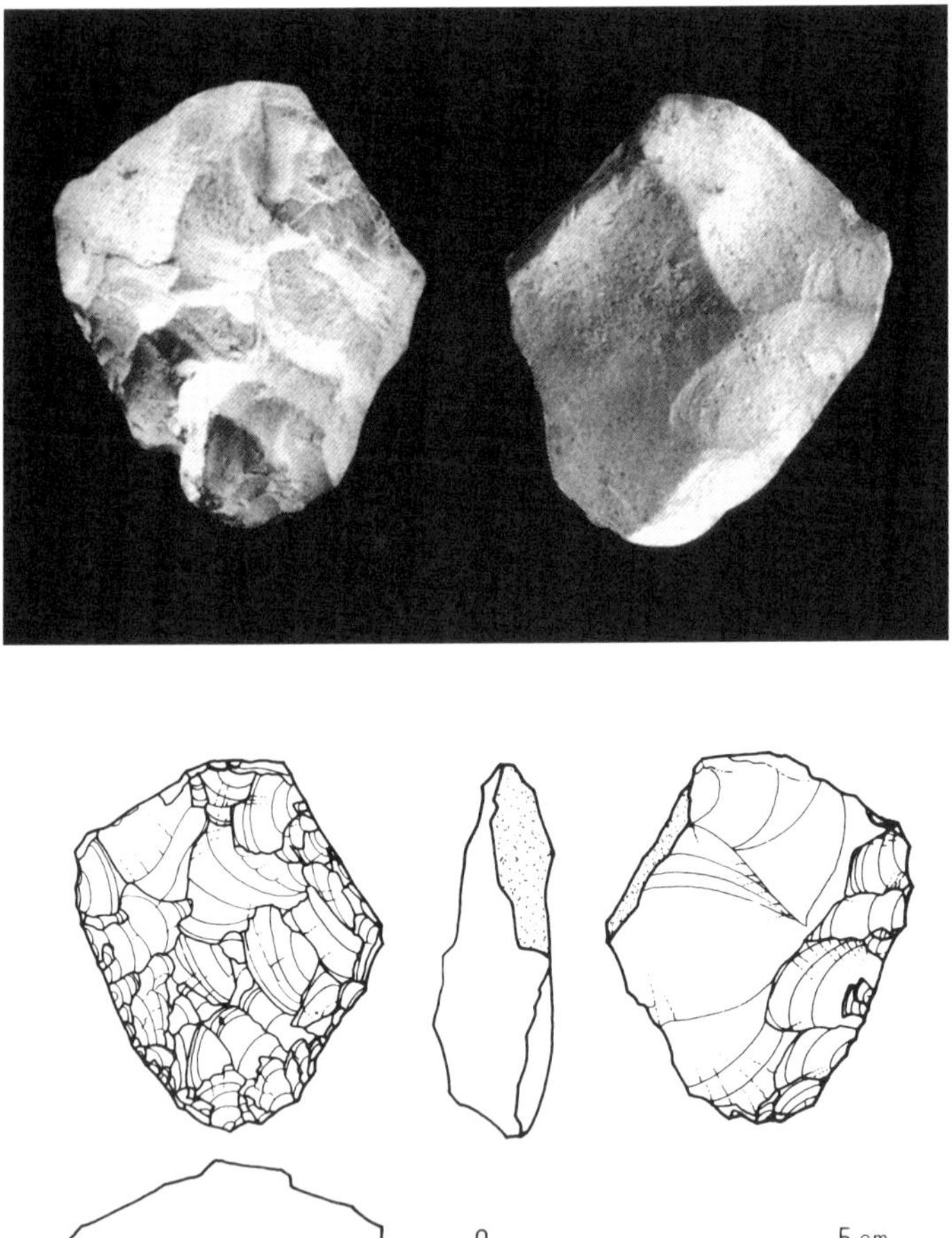

図9　座散乱木の「中期旧石器」発掘のきっかけとなった「権現山型尖頭器」と実測図。全体が顕著に風化している点や右面左上の河原礫面と打撃の特徴はいかにも古そうに見えた。下の先端を尖頭部と呼ぶ。

せられた（図9）。白く風化して全体がやや摩滅したような流紋岩製の石器であった。それは私がその一年半前に修士論文でまとめ、その年に『考古学研究』誌に発表を予定していた論文でも取り上げる予定であった「権現山型尖頭器」に分類される石器であった。「権現山型尖頭器」とは、相沢忠洋が群馬県の権現山や不二山、桐原遺跡で発見し、恩師芹沢が中期旧石器を特徴づける標準石器として評価していたものである。だが、それらは相沢の個人的な採集資料ということもあり、中期旧石器として正式に認定されてはいなかった。鎌田から見せられたその石器は、「権現山型尖頭器」にとてもよく似ていた。これを正式な発掘調査によって確認できれば、日本列島最古の文化が立証できる。私はその観察所見を鎌田に伝えると共に、いずれ座散乱木の発掘を続けて下層を掘れば、日本列島に中期旧石器とそれを残した旧人の存在が証明できると漠然とした展望と夢を持ったように思う。

ここで「前期旧石器存否論争」と、私の「前期旧石器文化」存在の見通しについて、説明しておかなければならない。一九四九年に岩宿《いわじゅく》遺跡の発掘によって、日本で初めて旧石器の存在が確認された。このことは、戦後の日本考古学史上、最大の成果だといわれている。その後の旧石器研究は当然ながら、旧石器はもっと全国的にあるはずだということと、外国のようにもっと古い中期・前期の旧石器もあるだろうという問題に関心が向いた。

後者については、岩宿遺跡を発見した相沢が、岩宿を発見してまもなく同地域の不二山・権現山遺跡で見つけていた石器が、古いのではないかと注目された。これらは後に、外国人研究者や明治大学で芹沢の五歳先輩であり、研究室として発掘した岩宿遺跡の発掘調査団長であった杉原荘介教授などが、日本最古の中期旧石器として取り上げ、一九六〇年代末ころまで芹沢の著述にも時々登場していた。しかし、それは個人の収集品で、正式な発掘調査も行われなかったため、最古文化として確認されるまでには至っていなかった。

一方、青森県木造《きづくり》町金木で礫層中から発見された「石器」を、杉原が岩宿より古い段階の日本最古の石器と考え、一九五三年に発掘調査を実施した。翌年、杉原は自ら、それらは礫層形成中に破砕した偽石器（自然の営力で出来た一見石器に似たもの）であろうと、判定した。その根拠としては礫層に多量な礫と共に満遍なく出土している、人為的に割って形を整えたり鋭く尖らせたりしていない、石を人が割ったときにできる特徴が不明瞭である、などの特徴からだった。これらの根拠は正鵠を得ていたし、杉原は以後、前・中期旧石器文化の存在には慎重な立場をとり続けた。

その一〇年後（一九六三）には、再び最古の石器の探求、発見合戦が始まった。大分県の丹生《にゅう》遺跡が意欲的に継続発掘され始め、続いて山口県磯上、出雲の「石器」などが調査された。芹沢も一九六三年に発掘された佐渡市長木を最古と認定し、その年の十月に東北大助教授となってからは、自ら大分県早水台遺跡、長崎県福井洞穴、そして星野遺跡の四次にわたる継続発掘調査へと進んだ。東北大学での研究は、「前期旧石器」立証への執念であったともいえる。

特に早水台《そうずだい》・星野そしてその後の岩宿Dなどの出土品は、自らを「孤高な前衛」といったように、地質学、多数の考古学研究者などから偽石器だろうと否定される状況下で、一〇年にわたって一人でその存在証明に精力を傾けていた。否定論者は、「石器」の包含層は、山の斜面に滑って堆積した「崖錐堆積《がいすい》」(崖を滑り落ちて堆積した岩石が多く混じる土層)や水成の砂礫《されき》層であり、「石器」は土砂や石が堆積する過程で石と石がぶつかってできた割れ口を持つ偽石器であるとか、人が生活して残した石器は、平坦な土地に安定して堆積した例えば火山灰土層から一定範囲にまとまって発見されるはずだとか、その石器はあまりに原始的で悠久な時間が変化しても作り方や形がほとんど変わらない、などと批判した。

なお、芹沢は石器群が新しい時代になっても変化しないというその指摘を自らも受け止め、日本は島国であるから後期旧石器時代(岩宿段階)直前まで原人が生き残り、原始的な石器を使用し続けたと考え、中期・前期旧石器時代を一括して「前期旧石器・前期旧石器時代」と呼んだ。この一連の論争を「前期旧石器論争」という。なお、芹沢が研究を進めていた石器以外にも、前・中期旧石器だと論じられたもののもあったが、石器が含まれていた地層が古くないとか、石器ではないという理由で認められないものが多かった。

恩師芹沢の指導を受けていた私は、なんとか「三万年以上前に安定して堆積した火山灰層中から、生活の痕跡、遺跡での人間活動を示す、明らかな人工品・石器のまとまりを探して、恩師の論を支援したいと考えていた。

そうしたなかで、私自身も「前期旧石器」についての仮説を持ち始めていた。修士論文をまとめ直して一九七六年に『考古学研究90』誌に「日本前期旧石器時代の始源と終末」を発表した。要約すると、「群馬県や栃木県などで相沢忠洋らが発見していた三万年以前の権現山型尖頭器（芹沢は斜軸尖頭器とも呼んだ）を特徴とする石器文化が日本列島に存在し、今のところ最古の石器群は芹沢が発掘した大分県早水台遺跡のものである」と述べ、それらの石器を図示して中期旧石器文化の変遷についての展望を述べた。また、これら石器文化は、東北アジアの文化圏に包括されるという見通しも立てた（図10）

なお、この論文が掲載された雑誌の同じ号には、チェコスロバキアのドルニベストニッチェ遺跡で発見された後期旧石器時代の動物形の土製品（動物の形を粘土でかたどり焼き固めたもの）も紹介されている。私の論文や動物形土製品の紹介は、藤村が、座散乱木第一次の発掘調査で「動物形土製品」を埋め、山田上ノ台や座散乱木で、まず上層に「権現山型尖頭器」、そしてその下層に「粗粒の安山岩製石器」など早水台遺跡の石器群に似たものを埋め込むという捏造のシナリオに使われたのではないかと発覚後に指摘された。私の論文や動物形土製品の紹介が、藤村の捏造モデルになった可能性は高いのだろう。

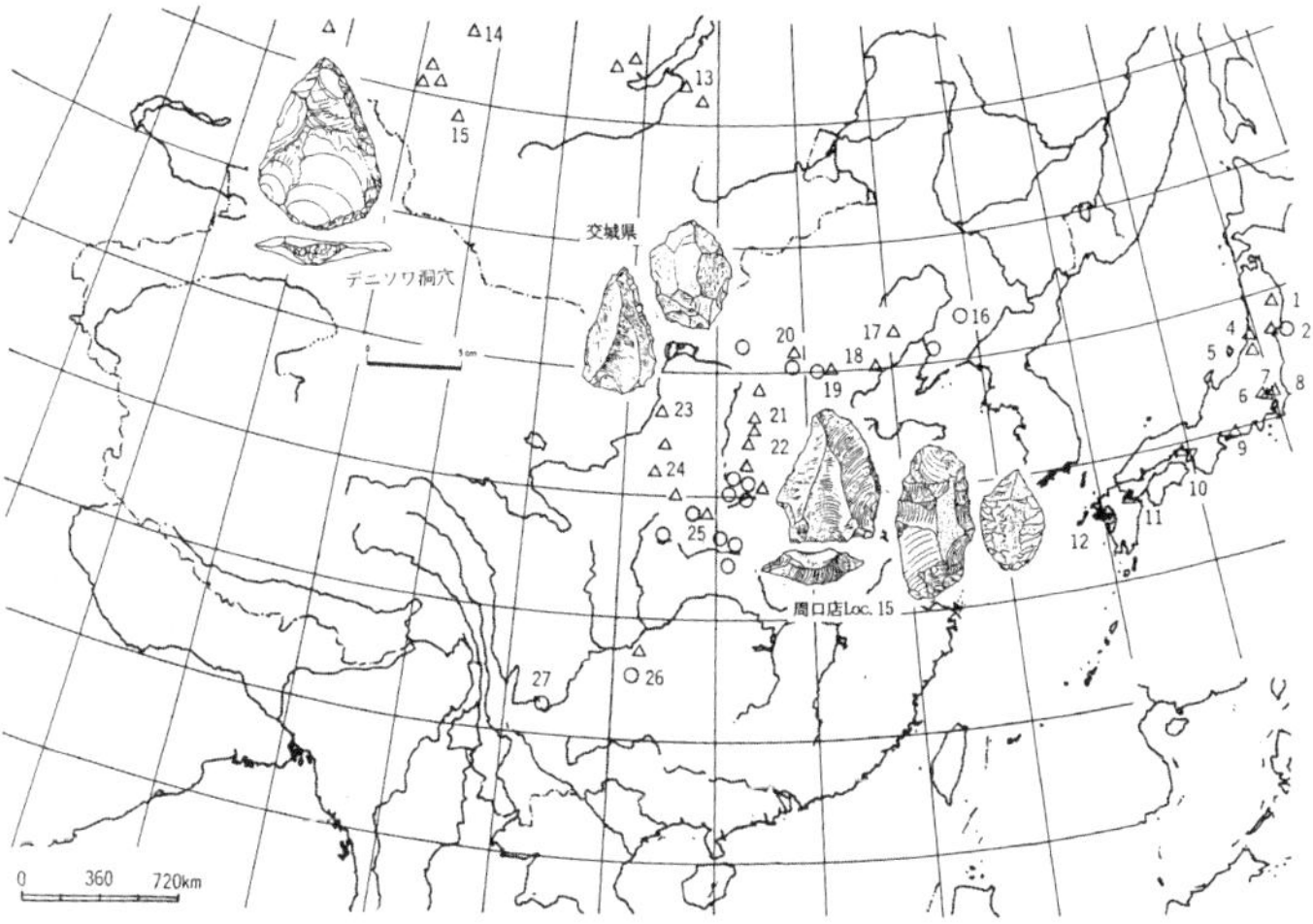

1 岩手県金取 2・3 宮城県内の遺跡 4 山形県明神山・富山・庚申山ほか10数か所 5 山形県上屋地 6 群馬県不二山・権現山・桐原 7 群馬県岩宿山寺山 8 栃木県星野遺跡第1地点 9 愛知県加生沢 10 兵庫県西八木 11 大分県早水台 12 長崎県福井洞穴 13 ヴァルヴァリナ 14 ドヴグラスカ 15 コプト 16 金牛山 17 鴿子堂 18 迁安爪村 19 周口店洞穴 20 許家窑 21 交城県 22 丁村 23 水洞溝 24 長武 25 大荔 26 観音洞 27 元謀

（呉・Olsen 1985，加藤ほか 1985に加筆・訂正した。日本は確実なものをすべて記し，20万年前のものを一応前期とした。）

図10 東北アジアの主な前期・中期旧石器時代遺跡の分布
（東北アジアの旧石器文化圏に包括されると仮説した日本の石器）

座散乱木ならまだ誰も証明し得ていない中期旧石器が出てくるだろう……。この見通しが達成されると、当時の学界で大論争を巻き起こしていた「前期旧石器存否論争」が、一気に解決できる大成果につながるのであった。

その座散乱木「最下層採取の石器」を見せてもらってから、第一次、第二次の発掘が行われ、遺物整理、報告書の作成が進められ、三年半がたった。私は鎌田と連名で発表する論文「宮城県北部の旧石器時代について」（岡村・鎌田 一九八〇『東北歴史資料館研究紀要六』東北歴史資料館）の準備に入っていた。それまでの談話会の踏査による地質・火山灰編年の調査、踏査で層位的に発見された遺物、座散乱木の発掘成果などを総合的にまとめる論文であった。このころまでにはこの地域一帯に、座散乱木最下層などに見られる軽石混じりで砂質の赤褐色火山灰層が広がることと、その地層が約三万年前を遡る中期旧石器時代に相当する見通しがおよそついていた。

最高の瞬間

一九八〇年四月二十日の日曜日は、この年最初の第五三回石器文化談話会であった。この日も、いつものように午前一〇時に岩出山駅に集合した。仙台から約二時間かけて電車や自家用車でくるグループと地元の会員たちであった。その日は一八人が参加したという。遠藤・藤村の案内・先導でまず座散乱木遺跡に向かった。春先の火山灰土層の断面は、冬期間に凍りついたり溶けたりを繰り返し、霜柱も立って表面が崩れ落ちている。そこで土の中に埋もれていた石器が断面に顔を出し、見つけやすい。この時は、道路切り通しの最下部で八点の石器が見つかった。かつて「権現山型尖頭器」が見つかっていた地層である。この時も、私は鎌田と連名で研究紀要に掲載する論文の図版作成のために勤務先にいて、踏査には参加できなかった。

石器発見の報告は、直ちに私や鎌田らに伝えられた。次の土曜日、出土した地層や出土状況を確認するために鎌田・藤村に連れられ、東北大学農学部の助手・院生（土壌学）にも主に地層の

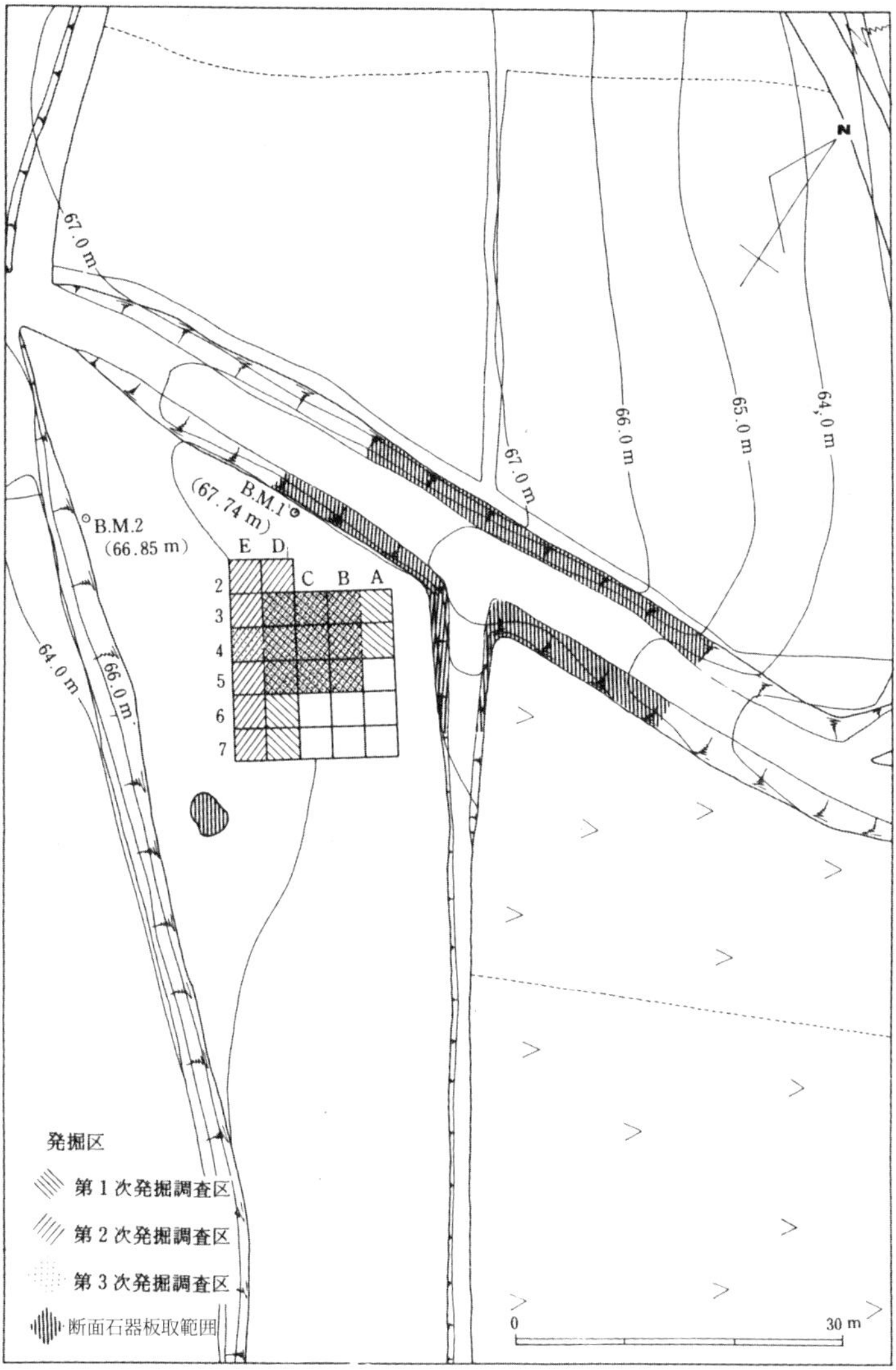

図 11 座散乱木の地形と発掘区配置図

確認のために同行してもらって遺跡に赴いた。現場に着くと、いつものように藤村が地層断面を削り始めた。気がつくと彼の様子がおかしい。近づいてみると案の定、数点の石器が断面の赤褐色火山灰土層（安沢下部火山灰）に並んで出ている。さっそく皆も、その周辺を勢いづいて削り始めた。断面に被さった土を除いて、削るとまた石器が出た。農道と南側の畑に入る枝小道の角（コーナー）を中心に、角から西に二メートルの所とそのさらに五メートル西、農道北側から、またたく間に一〇点の石器を発見した。主に珪質凝灰岩で作られた石斧《せきふ》・ピック（尖った先端をもつ重厚な石器）、鋸歯《きょし》縁石器（鋸の刃のような縁辺をもつ石器）などであった。目の前に出ている石器は、火山灰土層断面の一定範囲から点々と並んで発見され、ほかに石ころや砂利などは混じっていない。地層の年代は少なくとも三万年以上前の古い地層である見通しが立っていた。しかも、後期旧石器が出た地層より下の層（層位的に古い地層）から、後期旧石器とは大きく違う特徴をもった石器が、出てきたのだ。何よりも石器は、人工品であることを疑う余地がなかった。

私はこの重大な発見に立ち会い、背中に戦慄が走り、やがてこの光景を茫然と眺めて気が遠くなっていくようだった。私は、土壌学の助手の質問に答えて、この発見は、これまで学会で戦われてきた「前期旧石器論争」に終止符が打てる石器であること、私自身としても卒業論文以来の課題が解決できること、を説明した。帰り道、ドライブインに入った時に、一刻も早く石器を仔細に見たくて注意深く洗って皆で見た（岡村道雄　一九八八「前期旧石器の夜明け」『図説検証

原像日本五　遺跡に浮かぶ古代風景』旺文社）。この成果を直ちに研究紀要に追加し、大陸の中期旧石器文化に相当する確実な資料として報告した（岡村道雄・鎌田俊昭　一九八〇　宮城県北部の旧石器時代について」『東北歴史資料館研究紀要六』東北歴史資料館）。

この時の座散乱木での私の大感激について、当時朝日新聞社出版局にいた河合信和は、自著で次のように記している（河合　一九八七）。

「これで中期旧石器の存在は決まった。体にビビーッと戦慄が走り、真っ暗な闇の中に光を当てられた自分だけが立っているような、考古学を始めて一三年目の生涯忘れることのできない最高の瞬間だった」

このころの私は、強い感動と共に発見の成果を信じ込み、懐疑的に物事を見る冷静な心を失っていたのかもしれない。

これら座散乱木から抜き取った石器の代表的なものを、外国の旧石器にも明るい当時は旧石器研究を先端でリードしていた大学教授に、八月三十日に見てもらった。鎌田・藤村・岡村は、この年の夏に東京国立博物館で開催していた『北京原人展』で中国の中期・前期旧石器を見て勉強するとともに、権威であるその研究者に石器を見ていただくために上京したのであった。緊張して教授の石器観察所見を待ったが、即座にシベリアの中期旧石器に似ていると太鼓判が押されたと記憶している（河合　一九八七）。やはり、私たちの見通しは正しかったのだと得心した。石器が抜き取られたという地層の古さもよさそうだし、石器の型的特徴も中期旧石器だとお墨つきをもらった。次は、正式に発掘して、確かに古い地層から確かな出土状態で出てきたことを示せば、日本列島に中期旧石器が存在したことが学界で認められる。そんな興奮に我々は包まれていた。

なお、遺跡から拾われた石器（表採品）や火山灰土層から抜き取られた石器では、中期旧石器文化の存在を完全に証明できたとはいえない。発掘調査を行い、間違いなく石器がまとまって出ることを確認して初めて正式に証明される。つまり、表採品だけでは、本来包含されていた古い地層を離れて畑などの遺跡の表面に浮き上がってしまったのだから、その古さはもとより、もともと旧石器時代の人びとがどこでどのようにそれを使っていたかもわからない。偽物、贋作である可能性も否定できない。それに対して膨大な労力や費用はかかるが、正式に発掘して皆に見てもらい、その成果を発掘報告書などに公表して確認してもらわなければならない。岩宿で相沢が道路の切り通しで旧石器らしい石器を見つけ、芹沢が旧石器だと認定し、杉原らの明治大学考古学研究室が、一九四九年に発掘を実施して旧石器の存在を立証し、発掘報告書を刊行したことと同じ手続きが必要だった。

藤村が、危険を冒してわざわざ発掘区に石器を埋めたのは、もっともらしく発掘して石器が出てきたように見せかけ、出てきたことを信じさせる舞台装置だったのだ。

山田上ノ台遺跡でも

座散乱木からの出土石器を手にして上京してから一か月後、またしても「大発見」が藤村の手によってなされることになる。今度の舞台は、仙台市の郊外を流れる名取《なとり》川流域の台地に位置する山田上ノ台《やまだうえのだい》遺跡だった。ここは縄文中期の集落跡として知られている遺跡だったが、宅地造成に伴う開発事前調査（仙台市教育委員会）が始まり、その過程で後期旧石器時代に属すると推測される石器が出土していた。仙台市教育委員会からの要請で石器文化談話会も発掘を支援することとなった。

後期旧石器が発見されたこの遺跡の重要性を公表するために、記者会見を予定していた九月三十日に藤村は遺跡を訪れた。彼は、縄文時代の土坑（貯蔵用やごみ捨て穴などとして、地下に掘った穴の総称）の壁面の下部で、段丘礫層のすぐ上の地層に大分県早水台遺跡の石器に似た「粗粒の安山岩製石器」が、突き刺さっていたのを発見した。また別な者も風倒木痕の壁面から同様の石器を発見した。このことは芹沢と鎌田に伝えられ、すぐさま二人は現場に急行した。石器を見た芹沢は、かなり興奮していたという（河合　一九八七）。当日の夕方に行われた記者会見では、二〇年も否定的に扱われてきた芹沢の「前期旧石器存在説」を裏づける有力な証拠が身近な所から発見されたことを喜び、芹沢は石器を高く評価したという。

この成果は、全国で初めて中期旧石器時代相当の地層から石器が発掘されたという大ニュースになった。これによって座散乱木を中心とした宮城県内レベルでの発見から、全国的な意義をもち、全国的な関心を呼ぶ大発見に舞台は展開していったのである。

この発見を契機に約三万年前に蔵王山から降下した川崎スコリア（有色の硬い火山噴出物の粒）より下層を平面的に広げて発掘し、中期旧石器を確認することとなった。発掘主体者である仙台市教育委員会は、芹沢を始め私も調査指導にあて、談話会、東北大学考古学研究室、県の文化財保護課の全面的協力を取り付けて、総力をあげた発掘調査体制を組んだ。この時も「教科書を書き換える発掘」だと皆が燃えていたが、一月ほどは石器が発見されずに地層の掘削と堆積状況の検討が続いた。ようやく十一月十五日に休暇を取って参加した藤村が、一つの発掘区から「粗粒の安山岩製石器」を多く含んだ石器をつぎつぎに発見した。

東北歴史資料館に移ってからの私の研究テーマは、仙台湾の貝塚研究であり、東松山市（旧鳴瀬町）の宮戸《みやと》島にある里浜貝塚の発掘に熱中していた。そのためなかなか現場に足を運ぶことができなかった。下層の石器が出てから一度夕方に行くことができたが、発掘に立ち合うことはできなかったと記憶している。

この正式な発掘調査によって、日本で初めて中期旧石器を確認することができたのだった。真っ暗になった国道を走るバスの中で、発掘を受け持っていた大学院生らと興奮してその「発掘成果」を語り合ったことを思い出す。この「発掘成果」は、地元の新聞やテレビで取り上げられた。翌年春には、発掘主体者である仙台市教育委員会に頼まれて、私は東京の立正大学で開催された第四七回日本考古学協会総会で、「発掘成果」を発表した（岡村　一九八八「前期旧石器の夜明け」『図説検証　原像日本5遺跡に浮かぶ古代風景』旺文社）。

なお山田上ノ台遺跡下層の「石器包含層」は、その下の段丘礫層に続く不安定な水性堆積層であり、そこはかつての古人類が住める環境ではなかった。また複数の地層にまたがって石器が面的にまとまって出土している不自然さがあった。そこで私は、双手を上げてこの「成果」を取り上げることを躊躇した。私は、この遺跡の発掘調査成果では、長らく膠着状態にあり、否定的な雰囲気が重くのしかかっている前期旧石器存否論争を解決するのは難しいと冷静に思った。このような冷静で客観的な判断ができたのは、その遺跡の発掘当事者でなく、中立な立場であったことと無関係ではないと思う。結果的には、捏造発覚後の石器の再検証で黒色土・鉄錆などの付着が確認され、捏造されたものであることが判明した。

藤村による捏造はこの時、新たな展開へ向けて動き出していたと言えよう。石器文化談話会による学術的な踏査や発掘調査に参加していた段階から、彼の目は開発事前調査の発掘調査区にも移り、後期旧石器時代からついには山田上ノ台遺跡でそれ以前の中期旧石器（芹沢は中期旧石器以前の時代を前期旧石器時代と呼んでいた）の発掘へと拡大させていったのである。藤村は発掘中のこれらの遺跡を訪れて、それぞれの時期に合う特徴をもっていると彼が考えた石器を、発掘区底面の地層に隙を狙って埋め込んでいたことになる。

このように藤村は、研究者などの前で石器を出して見せて感動させ、信じ込ませる手法でつぎつぎに批判的・中立的な立場の研究者までも信用する側に引き込んでいった。

期待高まる座散乱木第三次発掘

座散乱木第三次の学術発掘調査は、談話会主体で一九八一年九月二十八日から十月十六日にかけて実施された（石器文化談話会　一九八三『座散乱木遺跡Ⅲ』）。この一年半前に道路切り通しの最下層から「中期旧石器」がまとまって見つかり、その後山田上ノ台でも、いくつかの問題点を抱えてはいたものの「中期旧石器」が発掘されていたので、日本で初めての「中期旧石器」が確認され大きな成果が得られる見通しだった。そこで否定論の強かった「芹沢の前期旧石器」とは異なる、確かな中期旧石器が発見されたことを研究的にアピールしようと思った。東北歴史資料館の企画展として『旧石器時代の東北』を開催し、これまでの宮城県北西部の「旧石器研究成果」の発表会と座散乱木の発掘現場や周辺の「旧石器遺跡」を視察するエクスカーション（体験型見学会）も用意した。これら一連の企画・研究発表を通して、一気に中期旧石器時代以前の「前期旧石器否定論」を払拭できるかもしれないと思った。折よく毎日新聞東京本社からの取材が舞い込み、九月二日朝刊一面トップで「三万年以上前の石器発掘へ」と大々的に報じられた。地元

毎日新聞　1981年(昭和56年)9月2日(水曜日)　(日刊)

3万年前の石器発掘

宮城県・座散乱木遺跡

前期旧石器時代、日本にも「旧人」

40点、人工の跡歴然

東北大出身者ら来月発表

アンゴラ紛争

戦闘のソ連兵捕虜に

南ア「参戦の証拠」と発表

「前期」研究へ糸口　大陸と日本　つながり解明にも

毎日新聞

東京貿易

椿本チエイン　ローラチェーン　変・減速機　コンベヤ　物流システム

図12　座散乱木の露頭断面「抜き取りの中期旧石器の大発見」の報道

の河北新報も翌日大きく報じ、発掘開始前の九月十一日付け毎日新聞夕刊には、中央の研究者による署名記事「座散乱木遺跡の出土石器　前期旧石器文化の研究に新局面」なども掲載され、週刊誌も取り上げることとなった。この毎日新聞のスクープ記事は、後に教科書の副読本や参考書などでも紹介され、「第二の岩宿の発見」とも言われて日本最古の文化として評価されていった。これ以後、「列島最古の石器文化」のニュースは、新聞の全国版に掲載されることが多くなった。座散乱木の発掘は、全国から注目を集め、新聞・雑誌などによって権威づけられていくことになる。

このようにして、研究者を始め全国が注目する中で、座散乱木第三次発掘調査が実施された。私自身は研究会などの企画準備に忙殺され、第三次の発掘現場にはなかなか行けなかった。現場は東北大学の大学院生が中心となって運営し、発掘を進めていた。発掘開始から一週間がたち、中期旧石器の発見を想定した地層まで掘り進んでも石器は発見されなかった。現場には焦りが出ていたようだ。そこに午前中で会社勤務を終えた藤村が現れて、午後の発掘開始後まもなく彼が「石器」を発見した。発覚後に彼が告白したように、現場に持参した一三点の石器を、彼は急いで昼休み中の発掘区北壁際の一・五×二メートルの狭い範囲に埋めたのであった。翌日には南壁際からも一三点まとまって発見された。三日目には八〇センチ下層のB―3区から一×二メートルの狭い範囲にまとまって、「粗粒の安山岩製石器」を主体に一四点が発見された。藤村が参加したこの四日半の間に、三つの石器集中部から合計四六点が発見された。そして発掘の最終日にも藤村が参加して、二か所から合計一六点の石器を発見した。後で考えると彼がいる間に石器が埋められ、彼が中心となってそれらが掘り出され、彼がいなくなって掘り残しが数点追加して発見されるという状況であった。

また藤村が参加した十月五日には、八層を発掘中の段階では見つかっていなかった隅丸長方形の土坑が、一一層上面で見つかった。そして、その底面からは、破損した二次加工のある剥片と二点の小礫が発見された。この土坑は、人為的に埋め戻されているし、形も整い、石器も出土したので、墓と認定した。今にして思えば、この土坑もこの日に参加した藤村が掘り、穴の底部に石器などを埋め込んで遺構に仕立てたもので、このような捏造手法は、座散乱木二次発掘時に発見された小土坑群に始まり、後の宮城県上高森や埼玉県小鹿坂などの石器埋納遺構や小鹿坂の「住居状遺構」に継承された捏造手法であったと考えられる。

発掘現場と出土石器は、全国から集まった約三〇〇人の研究者たちに見てもらったが、異論を唱える者は一人もいなかった。十日夜には、仙台線多賀城駅裏の「ホテル多賀城」で懇親会を行った。今は亡き元東北大学教授の伊東信雄、芹沢長介、相沢忠洋らを囲んで、一〇〇名を超す参加者が集まった。席上伊東は、「仙台の地で全国的な旧石器研究の集会が開催され、このように多数の人々の参加がえられたのは、芹沢先生とその教えを受けた者たちの努力の結果であり、非常にうれしい」と情熱的に、しかも淡々と語られた。相沢は涙を流してこれに聞き入っていた。人生最良のその日、私は夜更けまで酒に酔いしれた。そしてそれは、本格的な前期旧石器時代研究の幕開けなのだとすら思った。

この「発掘成果」は、直ちに各新聞社が大きく取り上げた。私個人としても、日本考古学協会から依頼を受けて翌年の総会で発表し（岡村道雄　一九八二「座散乱木第三次発掘調査」『日本考古学協会第四八回総会』日本考古学協会）、『平凡社百科年鑑』（岡村道雄　一九八二「座散乱木遺跡発見の前期旧石器」）や一般の歴史雑誌『歴史読本』一月号（岡村道雄　一九八二「座散乱木遺跡発見の前期旧石器」新人物往来社）に概要を報告した。私に限らず、さまざまな機会に座散乱木の発掘成果は紹介され、狭い学問世界だけでなく広く世間に認知されていった。

続々出た前・中期旧石器とその年代

一九八〇・八一年の山田上ノ台・座散乱木の発掘調査以後も、八一年十二月には山田上ノ台の北方約二〇〇メートルの仙台市北前で「後期と中期の旧石器」が層位的に発見された。私も北前の発掘に一日だけ参加した。冬の日だった。夕暮れの少し暗くなったころに、私は、藤村と狭い発掘区に入って並んで掘り、藤村が数点の石器を発見した（仙台市教育委員会　一九八二『北前遺跡発掘調査報告書』）。藤村と共に火山灰層を一緒に掘り、石器を捜したのはこの時だけだった。私も一生懸命に掘っているので、掘っている藤村の様子、手元などについては全く見ていなかったと思う。

つづいて一九八三年には宮城県教育委員会が発掘調査していた大和町中峯Cで藤村が、現地説明会の折りに「旧石器」を発見した。それを契機に四か月あまりの長期にわたる大規模な発掘調査が延長されて実施された。四層にわたって九か所の石器集中地点が重層して発見され、計約二〇〇点の石器が得られた。地表から五メートル以上も深い場所まで、約七三〇平方メートルの範囲を大規模に発掘した。地表下五メートルの最下層からは、五か所の「石器集中地点」を確認し、そのうち四か所は馬蹄形に並んで発見された。最下層の石器は、発掘後に実施されたフィッション・トラック法による年代測定で約二一万年前と測定された軽石層の一メートルほど下位から発見された。

フィッション・トラック法は、堆積層中に含まれている火山ガラスを用いて堆積層の堆積年代を測定する方法である。火山ガラスに含まれるウランが時間の経過と共に核分裂を起こした際にキズ（飛跡・トラック）を残す。そのトラックの数を数えれば火山ガラスの古さが測定でき、堆積層の年代が判明する。また石器が含まれていた堆積層の熱ルミネッセンス法による年代測定値は、約三七万年前であった。熱ルミネッセンス法は、堆積層中に含まれる石英を使って年代を測定する方法である。堆積層中の石英には、長年の間に宇宙線が蓄積し、そのトータル量を一方で測っておいた一年間の宇宙線量で割ると堆積層の古さが計測できるという方法である。ほかにも土砂が堆積する過程でその中に含まれる磁鉄鉱の磁極が、当時の磁北に向きをそろえて堆積する現象を利用して堆積層の年代を推定する方法も国内で試行されていた。通常の遺跡での年代測定は、炭の炭素14を測定する方法（炭素14が時間の経過と共に一定に減少していく現象を利用して年代を測定）によっていた。しかし、この方法では遡っても三、四万年が測定の限界で、前・中期旧石器の出土が期待される堆積層の年代測定には不向きだった。そこであらたに開発されていたこれらの理化学的な年代測定法を導入することにしたのである。

その結果、石器は日本最古のもので、原人段階の古人類が残したものと考えられた。（宮城県教育委員会　一九八五『中峯遺跡発掘調査報告書』宮城県文化財調査報告書第一〇八集）。発掘後は土地造成されて遺跡は残っていないが、これらの石器も藤村によって埋められたと判定されている。

また同年多賀城市志引《しびき》の発掘調査が、市史の刊行を目的とした学術調査として実施された。この遺跡の発掘区は、狭い範囲であった。しかし、地山の岩盤まで一メートルにも満たない厚さの火山灰層の中から、五時期の異なった遺跡群が平面的には重複せずに所狭しと発見された。

馬場壇Aに賭ける

一九八四年春には談話会によって、馬場壇Aの発掘調査が開始された。座散乱木は、基盤の火

図13 馬場壇Aを発掘中の筆者(1985年、手前)

砕流堆積層まで発掘したので、その下からはもう石器は出ない。そこでより古い地層からさらに古い石器群を発見することを当面の課題として、馬場壇Aを発掘することとした。このころには宮城県北西部の旧石器研究は全国的な注目度もきわめて高くなり、県はこれを仙台湾の縄文時代貝塚群研究と並ぶ主要課題と位置づけた。そして、東北歴史資料館が、馬場壇Aの調査研究事業を第二次調査から談話会などとともに、国からの補助金を得て継続して実施することとなった。私は勤務先の職務として、貝塚研究だけでなく旧石器研究にも取り組むことになり、発掘調査を担当した。全国から旧石器を研究する研究者、大学院生・学生が集まり、当時の日本の技術で適用できる先端の研究方法を統合的に駆使して発掘を行った。

図14　馬場壇A第三次発掘の参加者

第一次発掘調査には六五人、第二次には七五人、第三次には一二一人が参加した。地元研究者はもとより、東北歴史資料館職員、藤村や遠藤などの「談話会」メンバー十数人、一線で活躍し始めていた若手旧石器研究者、地質学・年代学などの自然科学者、地元の大学だけでなく全国の十数か所の大学から七〇名ほどの院生・学生が発掘に参加し、マスコミ関係者も発掘に来ていた。さながら考古学専攻を有す全国大学の「合同実習発掘」のようだとか「馬場壇学校」といわれたという。皆で発掘・記録方法、堆積層の見方・検討方法、石器の観察法などについて、自由に真剣に議論しながら発掘を進めた。

例えば、この地域の旧石器遺跡では、チップが発見されないという不自然さが指摘されていたが、その点について皆で議論した。そこで、チップは上下の地層に浮き沈みするので、石器の出る直上の地層もフルイにかけて微細なチップを発見したほうがよいと学生が提案し、その作業を実践したこともあった。チップが出なかったのは、結果的には捏造を示す現象の一つではあったのだが。

ただ深く掘って中期旧石器時代以前の石器群を発見して最古を追い求め、石器の変遷・編年を組み立てるだけではなく、石器の器種分類や製作技法など、石器の基礎的な研究を確立しようと考えた。また一方で平面的に広げて発掘し、遺跡の構造、人類活動の広がりと内容・性格を捉えようともした。さらに、独立した固有の方法を持つ各種自然科学と連携し、地層の編年と年代測定などだけではなく、自然環境や人類生活などが復元できる証拠を、できるだけ多く抽出しようと努力した。旧石器時代の遺跡には、石器・礫くらいしか残されていない。何とか目に見えない資料や微弱な現象も細大漏らさず捉え、主に自然科学的な手法を駆使して総合的に遺跡を研究しようと努めた。ちょうどこのころは、文化財を科学する手法がつぎつぎに開発され、自然科学と考古学の提携の気運が高まっていた。座散乱木第一次の発掘が行われた一九七六年には、文部省から科学研究費が支給されて特定研究「考古学と自然科学の提携」が始まった。両分野から二〇〇人ほどが集まり、計六年間にわたって共同研究が進められるようになった。私もこの研究会に参加させていただき、多くの分野の自然科学者と知己になり、各分野の専門家にお願いして貝塚や旧石器の研究を共同で進めるように努力した（岡村道雄　二〇〇〇「考古学と自然科学と

図15　脂肪酸分析用の資料採取（手前）

の提携」『日本列島の石器時代』青木書店）。

そして、私は一九八七年三月に東北歴史資料館を退職して、文化庁記念物課に移るまでの三年間、馬場壇Aと東松島市里浜《さとはま》貝塚の発掘調査に全力を傾けた。

試みられた科学的分析

座散乱木を発掘し始めた調査研究の当初から、地形学・地質学・土壌学・炭素14年代測定、石器石材同定などを導入して自然科学との共同研究を進めていた。特に一九八一年の座散乱木三次発掘からは、四万年以上前の年代測定に有効であり、当時先端の年代測定法であった前述の熱ルミネッセンス法やフィッション・トラック法などを導入し、それら各種方法をクロスチェックして総合的に年代を考察した。つまり、遺跡が残された地形は、どのようにしていつ出来上がったか、その後いつどのように埋もれていったか、を明らかにする目的で分析・研究を依頼していた。なお、地層の堆積年代は、石器の古さを推定する直接的な手がかりとなるので、いくつかの方法を専門家に依頼して測定結果を付き合わせ、さらにほかの地層・土壌・古環境復元などの分析結果と慎重にクロスチェックして総合的に検討した。

馬場壇Aの発掘では、さらに古環境・古植生を復元するために堆積層中に含まれる花粉やプラントオパールの分析をお願いした。花粉分析は、花粉の形・特徴を顕微鏡で観察すると植物の種類が判定できるし、植物の細胞に含まれる硬い植物珪酸体（プラントオパール）もその形などによって、おおよそ遺跡に生えていた植物の種類や繁茂の状況が推定できる。

また、火が焚かれて地表面が高い熱を受けると、そこの土壌に含まれている磁鉄鉱が磁力を帯び、当時の磁北に方向を揃える現象を応用して、旧地表面（層理面）で焼けた部分・範囲を探すことのできる受熱分析も行った。合わせて熱を受けた石器を見つけ出し、焚き火跡の検出に努めた。

さらに石器に付着しているといわれた脂肪酸の分析を行い、石器を使う対象物（被加工物）を推定したり、地表面などの残留脂肪酸を分析してその場所の使われ方を推定した。合わせて、石器に残されている使用の際についたキズや摩滅などの微細な使用痕跡を観察し、石器を使う対象物や使い方などを推定した。つまり、多くの自然科学者と連携し、当時前衛的であった新しい方法を駆使して遺跡を総合的に検討した。

とにかく石器以外に遺跡での行為・生活が復元できる考古学的材料はほとんどないため、普通に掘るだけでは見逃しやすい微細遺物をフルイにかけて抽出しようとした。さらに顕微鏡下でしか観察できない微小な花粉など、あるいは当時の地表面のわずかな変質を見つけ出すなど、およそ当時の日本や世界で試みられていた先端の方法、試みに関する情報を収集し、実験的に試行してみる努力を重ねた。

発掘現場の実地検分や分析資料の採取などは、分析者に発掘に参加していただき、方法の確認と相互理解を深め、問題を共有する努力を払った。また、発掘の成果をまとめるに当たっては、各分野の研究者・分析者に集まっていただき、あらかじめ提出をお願いした分析・研究結果をもとに公開で総合的に討論し、成果を吟味・集約して報告することにも努めた。その資料・討論は、『パネルディスカッション「座散乱木遺跡をめぐる自然科学的アプローチ」』一九八三年一月、『シンポジュウム「馬場壇A遺跡をめぐる自然科学的検討」』一九八六年二月として公刊している。

復元された「原人の生活」

馬場壇Aの地表下約三・五メートルには、約一二万年前後より前、火山噴火でこの地域一帯に降り積もった一迫《いちはさま》軽石層が、数センチの厚さで堆積していた。そこを掘り上げていったところ、軽石層が堆積する直前の旧石器時代の地表面（20層上面と呼んだ）が現れた。そこには南に傾斜していく浅い谷が見つかり、その谷頭を囲むように七か所からそれぞれ二十数点から数点の石器が、径二から五メートルほどの狭い楕円形の範囲（石器集中地点）にまとまって発見された。馬蹄形に配置されたようなそれらの位置関係と、違ったまとまりから同じ石で作られたとみられる石器が発見され、その一部が接合したことから、それぞれのまとまりは同時に残されたものと考えられた。また石器の縁辺を顕微鏡で観察したところ、角や骨あるいは肉や皮を加工した時につくという磨耗や光沢が認められた。また石器にはその場での石器製作を示すような剥片・石屑は含まれておらず、石器の刃を再加工したような石屑（チップ）も含まれていなかった。さらに石器の種類は、小型石器に偏っており、数も少ないことから、小規模な集団が七つ集まって短期で移動性の高い生活をした跡だと推定した。

石器がまとまって発見された場所のうちの一か所を、熱残留磁気測定したところ、中央部に受熱した部分があったらしいことが推定された。また加熱を受けた石器が全体の約一割発見されており、焚き火跡と共に当時頻繁に火を使用していたことがわかった。さらに石器が集中する地点の石器とその周辺の土からは、ナウマンゾウやオツノシカのものといわれた動物の脂肪酸が検出された。なお脂肪酸分析とは、生物はそれぞれ固有の脂肪酸を持つので、遺跡にわずかに残留した脂肪酸を分析してもともとの生物の種類を特定する方法である。

各小集団は、一定の範囲内で焚き火を囲み（小屋掛けの範囲があったか）、そこで大型動物の解体・調理などの生活をしていたと推定した（一四一頁の復元イラスト参照、東北歴史資料館・石器文化談話会編　一九八六『馬場壇A遺跡Ⅰ』東北歴史資料館）。

発掘成果から、地形を復元し、小集団の配置、使用していた石器や石器製作の痕跡、石器の使用痕や脂肪酸分析から具体的な作業、そして炉を囲んで小屋の中での生活まで復元推定した（馬場壇A発掘調査報告書Ⅰ）。なお、これらの考古学的な発掘成果と自然科学的な分析は、いかにも整合的であった。しかし、捏造が判明した結果からみると、後述するように分析結果の誤った解釈や、分析を最大限に拡大解釈して作り上げた復元だったことになる。

なお、三次の発掘では、発掘区南西隅の深掘り区（六〇×六〇センチメートル）で、地表下約五メートルの粘土と砂礫が互層になった水成堆積から二点の石器が、現地説明会を行っている最中に藤村によって、出土地点が不明なまま発見された。石器が出土したという地層は、一五から二〇万年前に堆積したと推定される軽石層の下層であり、当時の最古記録を更新した。

「前期旧石器論争は結着した」

座散乱木第三次の発掘調査報告書は、発掘記録を整理して、出土石器を観察・分析、実測・写

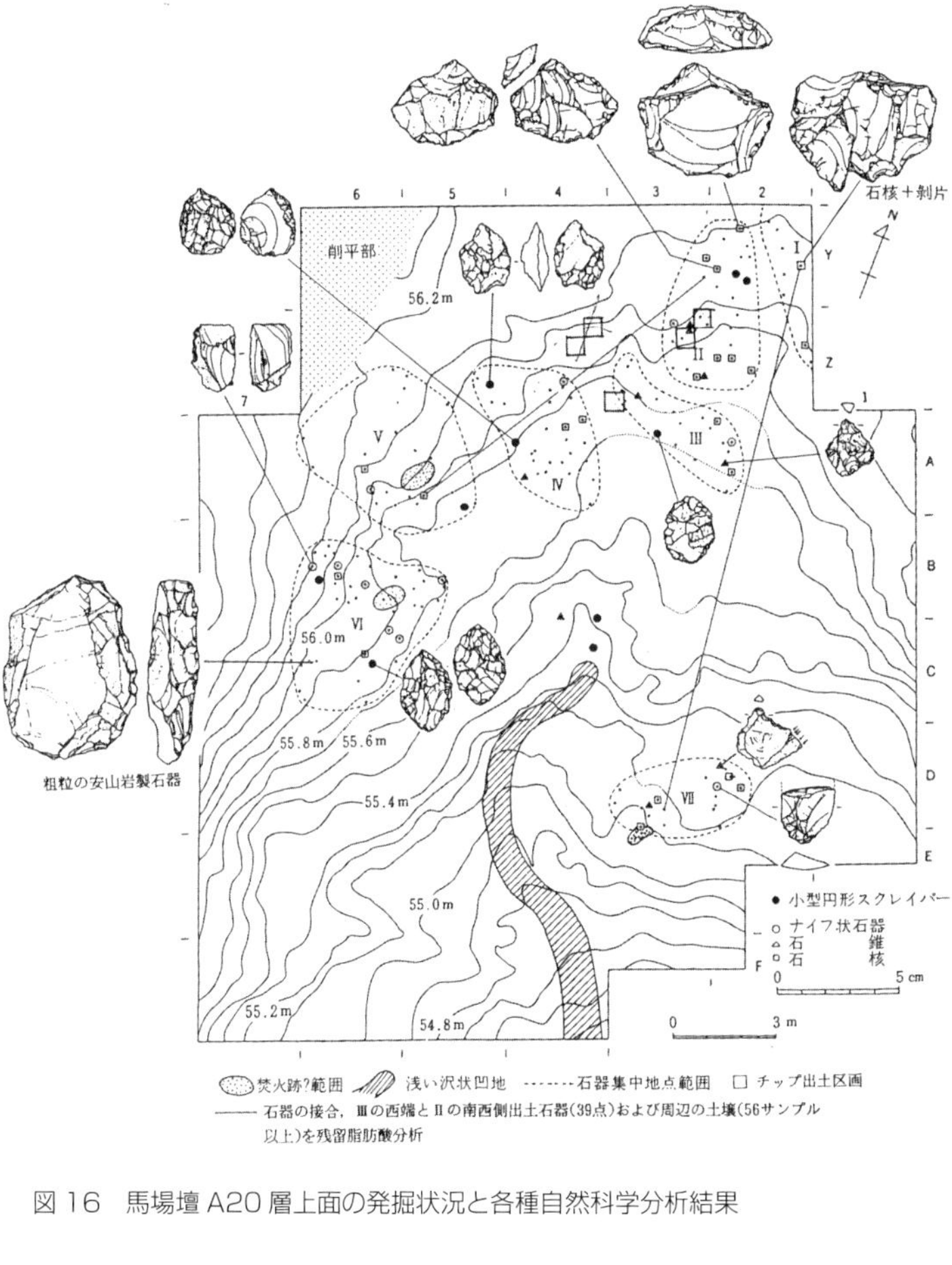

図 16　馬場壇 A20 層上面の発掘状況と各種自然科学分析結果

真撮影して、ようやく二年後に刊行した。私は、座散乱木などの石器は、当時学界で自然の営為でできた偽石器であろうと否定的に受け止められていた「芹沢・前期旧石器」とは違い、人工品であるという証明に力を入れて論述し、併せてそれが包含されていた地層の古さから中期旧石器に遡ることを発掘調査報告書で力説した。結語に書いた「ここに前期旧石器論争は結着（ママ）した」（岡村道雄　一九八三「結語」『座散乱木遺跡』石器文化談話会）という記述が、論争の決着、中期旧石器の立証を高らかに宣言したとよく引用されてきた。

また座散乱木の三次発掘を契機として、座散乱木・中峯Cなど最古の石器群の発掘成果を軸にした、旧石器文化の変遷などをまとめた論文も見られるようになった（鎌田俊昭　一九八四「宮城県における旧石器文化の諸問題」『宮城の研究』清文堂）。また、現地での発掘成果などをまとめて、日本の旧石器文化を概括する論文も登場して「前・中期旧石器文化」の存在が定着していった。私も座散乱木から馬場壇Aまでの発掘成果をもとにして馬場壇Aの発掘報告書（東北歴史資料館　一九八六『馬場壇A遺跡1』）をまとめ、「前・中期旧石器」の器種認定、石器組成、製作技術、変遷（編年）、環境や遺跡の構造、生活などについて論じた（岡村道雄　一九八六a「旧石器時代」『図説・発掘が語る日本史1　北海道・東北編』新人物往来社、岡村道雄　一九八六b「連載講座日本旧石器時代史3　日本の前期旧石器時代」『季刊考古学17』雄山閣、岡村道雄　一九八七a「連載講座日本旧石器時代史4　前期旧石器時代の環境とくらし」『季刊考古学18』

雄山閣、岡村道雄　一九八七ｂ「日本前期旧石器研究の到達点」『明石市西八木海岸の発掘調査』国立歴史民俗博物館研究報告第13集など）。

「成果」は一般向けの概説書にも取り上げられた。日本考古学の権威の一人は、一部に異論があるとしながらも、馬場壇A遺跡で「ナウマンゾウの脂肪酸」が石器に付着していたことを根拠にこれらは石器であると一般向けの概説書で論じた。そして、「第二の岩宿」と評価し、日本最古段階の文化に位置づけた。翌年には、旧石器時代の概説書として『古代史復原１　旧石器人の生活と集団』が刊行され、私も分担執筆した。宮城の事例だけでなく、多摩ニュータウン４７１―Ｂなどの「成果」も紹介された。関東ローム層から発掘される後期旧石器のさらに下層で、五万年前の堆積層から石器が発見されたことによって、もはや後期旧石器以前の文化の存在は疑うことはできなくなったと評価された。

このような過程、つまり新聞雑誌による情報の発信・周知に始まり、学会・研究会での発表、報告書の刊行が行われ、論文による論考、議論と問題提起、体系化・総合化が図られるという経緯を経て、ある事実・事象が認知されて定説となっていく場合が多い。しかし、最近は報告書の刊行や論文での総括以前に新発見が早くも歴史を塗り替え、評価が定まる場合も少なくない。

なお、私は新たに前・中期旧石器が確認され、研究の大綱が見通せた段階で、自然破砕礫（偽石器）と石器の判別、人工品の認定を最大課題としてきた研究段階を乗り越えられたと考えた。

そしてその段階までの偏見を持たない若い世代に研究をバトンタッチし、旧説にとらわれずに新しく続々と発見される旧石器群を観察し、分類、型式認定などの基本から研究構築してほしいと考えた。そこで文化庁で埋蔵文化財保護行政を担当することを機に、発掘などのフィールドワークを中心とした実証的な旧石器研究を卒業することとした（岡村道雄　一九九〇『日本旧石器時代史』雄山閣）。

第二章　失墜した〝ゴッド・ハンド〟

1　拡大していく戦果

宮城から関東へ

鎌田と藤村らは、中期旧石器時代以前の石器文化の存在を否定する空気の強かった関東地方に進出して、否定的雰囲気を転換しようと考えたのだろう。地元で三万年以前の前・中期旧石器を発見する熱意に燃えていた東京都埋蔵文化財センター職員らとともに、古い地層が残っている東京都多摩ニュータウン遺跡群を、一九八六年の四月と十二月に踏査した。しかし、古い石器は見つからなかったので、翌八七年五月八日に再踏査を予定した。しかし、この踏査に藤村は急遽参加できなくなった。そこで、鎌田が電話連絡をしたところ、藤村は石器が出土するであろう露頭の位置や層位を予言したと鎌田が「発覚後」に述べている（鎌田俊昭・梶原洋　二〇〇二「藤村新一による旧石器ねつ造事件と我々の責任」『日本考古学協会　前・中期旧石器問題調査特別委員会報告（Ⅱ）』日本考古学協会）。そして、稲城市多摩ニュータウン471―Bから五点の石器が、約五万年前に降下した東京軽石層の上部から発見された。つまり藤村は捏造した「遺跡」の場所をついうっかり教えたことになる。しかし、その場に居合わせた誰も、この重大な「うっかり失言」が持つ意味を察知しなかった。

この「発見」によって本発掘調査が、同年五月二十八日から七月十七日まで東京都埋蔵文化財センターによって実施され、発掘調査地点が初めて宮城県外に広がった（東京都埋蔵文化財センター　二〇〇一『多摩ニュータウン遺跡―471―B遺跡―』東京都埋蔵文化財センター調査報告第100集）。これによって、関東における「中期旧石器」の存在が立証された。この踏査・発掘調査は、当時東京都教育委員会文化課学芸員で関東地方の後期旧石器文化研究をリードしていた小田静夫が『人類学雑誌』紙上で展開した宮城県などでの「前・中期旧石器」論批判に反撃するため、鎌田らが行った実力行使だったという。発掘現場は、開発によって消滅したが、出土品は一九九五年に都指定の有形文化財（考古資料）となった。

なお、事件発覚後に発見・発掘された一三点の「石器」は、露頭に沿ってほぼ等間隔に並んで発見されたこと、敲石《たたきいし》らしき石器があるにもかかわらず石器製作の痕跡を示すチップなどが出土しないという石器組成の不自然さ、石器に在地の石材が用いられていない一方で、宮城・福島県の太平洋側に産する流紋岩が主体であること、後の観察によれば石器にはガジリや黒色土の付着が見られるなど、捏造の特徴が顕著に見られることによって、遺跡・文化財としての登録が抹消された（東京都教育委員会　二〇〇一『多摩ニュータウン遺跡471―B出土石器に関する報告』）。

私は捏造遺跡の発掘が宮城県外に拡大する前に、上京して文化庁記念物課の文化財調査官に着任することになった。全国的な視野からの遺跡保護業務を担当した。具体的には、まだ若かった三九歳の春であったが、全国の地方自治体に年間一〇〇日あまり出張して、埋蔵文化財保護行政の実態を把握し、行政ルールの策定や体制の整備を進めること、分布調査、試掘・確認調査、個人や零細事業者による開発に伴う発掘、重要遺跡の発掘、遺跡の保存・活用などを補助金によって支援すること、国が指定する史跡の選定などであった。そして、九五年からは『発掘された日本列島』展を毎年続けて開催した。全国の発掘成果の普及や遺跡への理解を深めようと努めた。

先述したように個人的には、旧石器研究はすでに一九九〇年に卒業していた。研究活動は文化財調査官としての職務にはなかった。しかし考古学が好きであったし、適切な遺跡保護を推進するためには、専門性を磨いておかなければならなかったし、専門性が認められていないと発言に重みをもたせられなかった。そこで、休日や深夜に自宅で縄文文化を中心に勉強していた。

夢の〝怪挙〟「遺跡間接合」

宮城県加美《かみ》町（旧・小野田町）の薬莱山麓で、総合保養地域整備法（いわゆるリゾート法）に基づく大規模な開発構想が打ち出された。そこで、一九九〇年春に宮城県教育委員会文化財保護課が、開発対象地域の遺跡分布調査（踏査）を実施し、薬莱原15遺跡などを発見した（宮城県教育委員会　一九九一『合戦原遺跡ほか』宮城県文化財調査報告書第　１４０集）。

すでにこの地域は一九七五年ごろより藤村や石器文化談話会によって踏査が行われていたが、この開発計画に備えて藤村らによる踏査が再開され、薬莱原10、薬莱山10・25・29遺跡が発見された。これらの表採資料を同年六月に数人で観察・検討した。すると東北歴史資料館で私の後任となった考古担当者が、薬莱原15遺跡を中心に前述したほかの四遺跡で表採された石器が遺跡間で接合することを発見した。ある遺跡群内で、複数の遺跡から発見された石器が遺跡間で接合したのである。この「遺跡間接合」によって遺跡間の旧石器人の移動が具体的に推定できるという夢のような快挙となった（藤村新一・山田晃弘　一九九一「後期旧石器時代における遺跡間石器接合資料の発見」『東北歴史資料館研究紀要16・17』東北歴史資料館）。

宮城県内の「旧石器」には、接合資料がほとんどないという批判・疑義に答えるためと、後期旧石器を研究課題にしている東北歴史資料館の担当者を喜ばせるためもあったのか、これも藤村による捏造と推定される。

接合資料のうちには、農具が当たってはじけた石屑（ガジリチップ）が、別な遺跡の石器と接合するものがあった。後世に生じたガジリチップを旧石器人が、別な遺跡に持ち出したことになる、ありえない接合関係であった。当時、ある大学院生がこの不思議に気づきこの疑問を藤村に

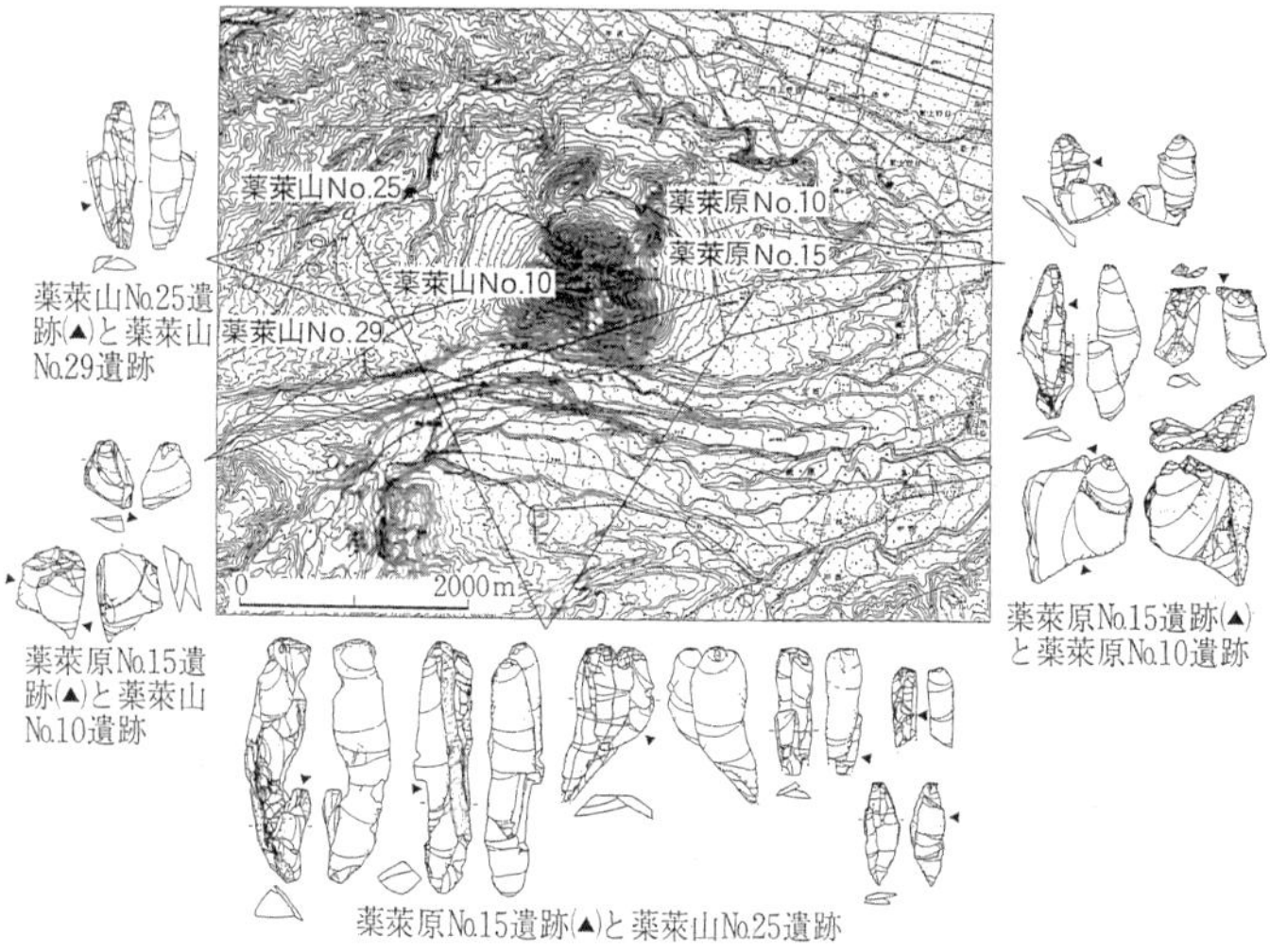

図17　薬莱山麓遺跡群での「石器接合」

問いかけた。すると藤村は、発見遺跡を記憶違いしたもので、同じ遺跡で表採したと訂正したという。この訂正を受けて、皆はそのまま納得してしまった。

今、私が考えるに、薬莱原15遺跡からは、多量の剥片・チップが発見されており、そこで石器製作が行われていた様相をよく示している。しかし、ほかの四遺跡は、石器の発見数も少なくて剥片・チップも含まれていない。つまり、石器製作の痕跡がない一方で、接合資料を含む製品が発見されている。このような状況によって、薬莱原15遺跡を居住の拠点とし、製作した製品を各遺跡に搬出したという旧石器人の行動が復元されることになる。しかし、今振り返ってみればこのような接合関係は、各遺跡で石器製作をしながら短期の移動を繰り返したと考えられる後期旧石器時代遺跡の通常の石器接合状況とは、明らかに異なる。このような不自然な状況は、藤村が薬莱原15遺跡の表採石器をほかの四遺跡に分散して（あるいは四遺跡から見つけたと噂をいって）、「遺跡間接合」を捏造したと推定できる根拠となる。

その後二〇〇六年に、町道工事に伴って薬莱原15遺跡の開発事前発掘調査が実施された。その発掘では、後期旧石器時代のナイフ形石器・石刃・剥片などが火山灰土層中や表土層から出土することが確認された（加美町教育委員会　二〇〇七『薬莱原15遺跡・薬莱原25遺跡』）。もとより後期旧石器時代遺跡であった薬莱原15遺跡で採集した接合資料を含む石器を、他地点に移して遺跡群間の接合を捏造したのである。捏造発覚後に一度遺跡であることが取り消されたこの遺跡は、再び旧石器時代の周知の遺跡となり、復活（再登録）した。なお、周辺には藤村が発見などに関与しなかった、後期旧石器時代の遺跡八か所が知られている。

東北旧石器文化研究所の設立で全国展開へ

一九八八年の晩秋に鎌田と藤村らは、東北歴史資料館との共同調査をやめて、馬場壇Aより古い石器を求めて、独自に宮城県筑館町《つきだて》（現・栗原市）の高森を発掘調査し始めた（石器文化談話会　一九九一『高森遺跡』）。しかし、高森も一九九一年に実施された二次発掘調査からは、東北歴史資料館が発掘主体となり、九四年の四次調査まで継続して発掘された。三次調査では、「石器が出ないと調査担当者がかわいそうだ」という藤村の発言の後に、いずれも掘り残しの狭い範囲から申しわけ程度の少数の石器が発見されたという(東北歴史資料館　一九九三『高森遺跡Ⅱ』、東北歴史資料館　一九九五『高森遺跡Ⅲ』)。

この間に鎌田らは、誰にも束縛されないで最古を遡る目的の発掘を自由に実施したいためと、「成果」を公的機関が独占していると思い、再び独自の発掘調査活動をしたいと考えた。そして、鎌田らは、一九九二年十二月には「東北旧石器文化研究所」を設立した。高森の「石器」が出土した地層の年代を、一九九三年五月に宮城県教育委員会と東北歴史資料館だけで発表したことをきっかけに、鎌田らは別途見つけていた宮城県の上高森から出土した「石器」の年代が、高森より古く遡ることを高森の年代発表と同時にマスコミにリークした。高森に代わって、各紙面は「最古の上高森」を大々的に取り上げた。そして、一九九三年十一月に上高森を別途独自に発掘調査するようになった。これ以後は、発掘を東日本に拡大し、最古の遡及、原人の住居や墓などの「生活遺構」、原人化石の発見を目指して、さらに発掘を頻繁に実施するようになった。なお、高森四次の発掘を最後に東北歴史資料館は、一〇年に及ぶ旧石器発掘調査研究事業を中止した。

この間一九九一年に福島市へ転勤した藤村と、地元の当時短大助教授とが共同で福島県内の西《さい》郷《ごう》村大平、続いて福島市竹《たけ》ノ森《もり》を発掘調査し、ここでも藤村による捏造が行われた。その後も同様に二本松市原《はら》セ《せ》笠張《かさはり》、引き続き同市箕輪《みのわ》宮坂《みやさか》を発掘した。また、一九九二年春に実施された芹沢長介や相沢忠洋らによる群馬県大間々《おおまま》町の桐原《きりはら》遺跡の再発掘調査でも、藤村は捏造を働いた。さらに一九九三年からは、上高森をほぼ毎年発掘した。また同年からは、山形県尾花沢市袖原《そではら》3がほぼ毎年のように発掘され、東北大学構内の青葉山Eの発掘も行った。北海道でも馬場壇Aの発掘以来親交のあった地元大学の助教授とともに、九八年から新十津川《しんとつがわ》町総進不動坂《そうしんふどうざか》を発掘し、それぞれで捏造を行った。つまり藤村は、前述の北は北海道から南は栃木・茨城・埼玉県で実施された発掘調査に招聘され、それらの発掘でも捏造を繰り返した。

九五年からは原人の化石発掘を目指して、東北旧石器文化研究所が岩手県岩泉《いわいずみ》町のひょうたん穴遺跡の継続発掘を開始した。原人発見の期待に沸き、報道各社が連日テレビカメラを構え、記者が常駐するという、発掘現場は異常な興奮に包まれていたという。確かに石灰岩洞穴であるひょうたん穴遺跡からは、「原人」の化石が期待でき、発見されれば、ほとんど信頼できる旧石器化石人骨が出土していない日本列島における大ニュースとなる。しかもそれが原人骨であるのだから、世界的なニュースになるはずであった。芹沢が、原人化石と一〇〇万年前の石器の発見を望んだ発掘でもあった。しかし、出土した動物骨には石灰岩洞穴に長年埋蔵されていたためにこびりついていた石灰華（石灰岩からしみ出した石灰分が白く結晶化したもの）が認められたが、最近埋め込まれた石器には石灰華は付着していないことが後の出土品の検証によって明らか

局部磨製石斧

斜軸尖頭器《しゃじくせんとうき》　長さ 5.4 センチ

スクレイパー
（削器）
長さ 4.3 センチ

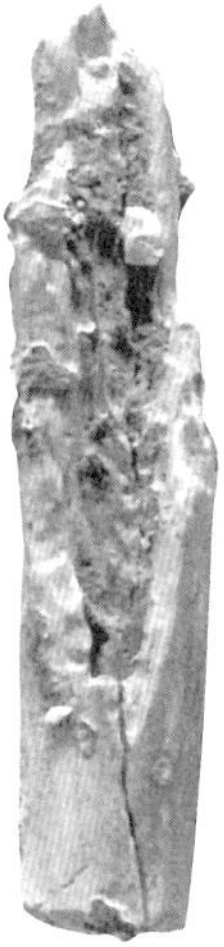

シカの中足骨　たたき割ったような割れ口がある。長さ 8.2 センチ

発掘状況　コンクリートのような硬い堆積物と巨大な落石が発掘の行く手をはばむ。遺物はこのような硬い堆積物と岩のすきまから「発見」された

遺跡遠景

図 18　ひょうたん穴遺跡（右下）、発掘状況、「出土遺物」（元より石灰岩洞穴内にあった局部磨製石斧とシカ骨には石灰華が付着しているが、埋められた石器（中央 2 点）には石灰華は付いていなかった）

になっている。

また、同研究所は九八年から宮城県色麻《しかま》町の中島山も発掘し、藤村は二〇〇〇年から埼玉県秩父に出かけて「遺跡」を発見した。これらのうち秩父市小鹿坂《おがさか》・長尾根・長尾根北・長尾根南が、埼玉県埋蔵文化財調査事業団の学術調査として、もちろん藤村も参加してつぎつぎに発掘された。

藤村は学会発表を受けもったり、この時期から天才などと新聞の見出しに取り上げられ、仲間内でゴッドハンド（神の手）などと呼ばれるようになっていたという。同研究所は小規模で予算も少ないため、報告書の刊行を後回しにして、一〇万年ほどの単位で最古を遡及する「成果」を上げる発掘に邁進していった。また複数の遺跡で、石器を並べて納めた「埋納遺構」や、秩父の小鹿坂で「建物跡」が発見されるなど、原人の先進性、精神文化の高さなどが唱えられたりした。

また一九九八年には、山形県の袖原《そではら》3と約三〇キロメートル離れた宮城県の中島山の間で約一〇万年前の三点の石器の断面が、天文学的な確立でピタリと接合して原人の移動性の高さを示すなど、これら藤村の捏造成果はますますのニュース性を高めていった。発覚前年や発覚の年には、過密な発掘のスケジュールをさらに加速させた。そして、安直に掘って堆積層の年代で「石器」の古さを決め、派手な「遺構」を発見するといった、なりふりかまわない所業におよんでいった。当然ながら、発見者としての藤村の役割はさらに大きくなっていった。これらの「発掘結果」は、日本列島の人類史の始まりを矢継ぎ早に書き換えることとなり、一斗内松葉山《いっとうちまつばやま》や上高森の発

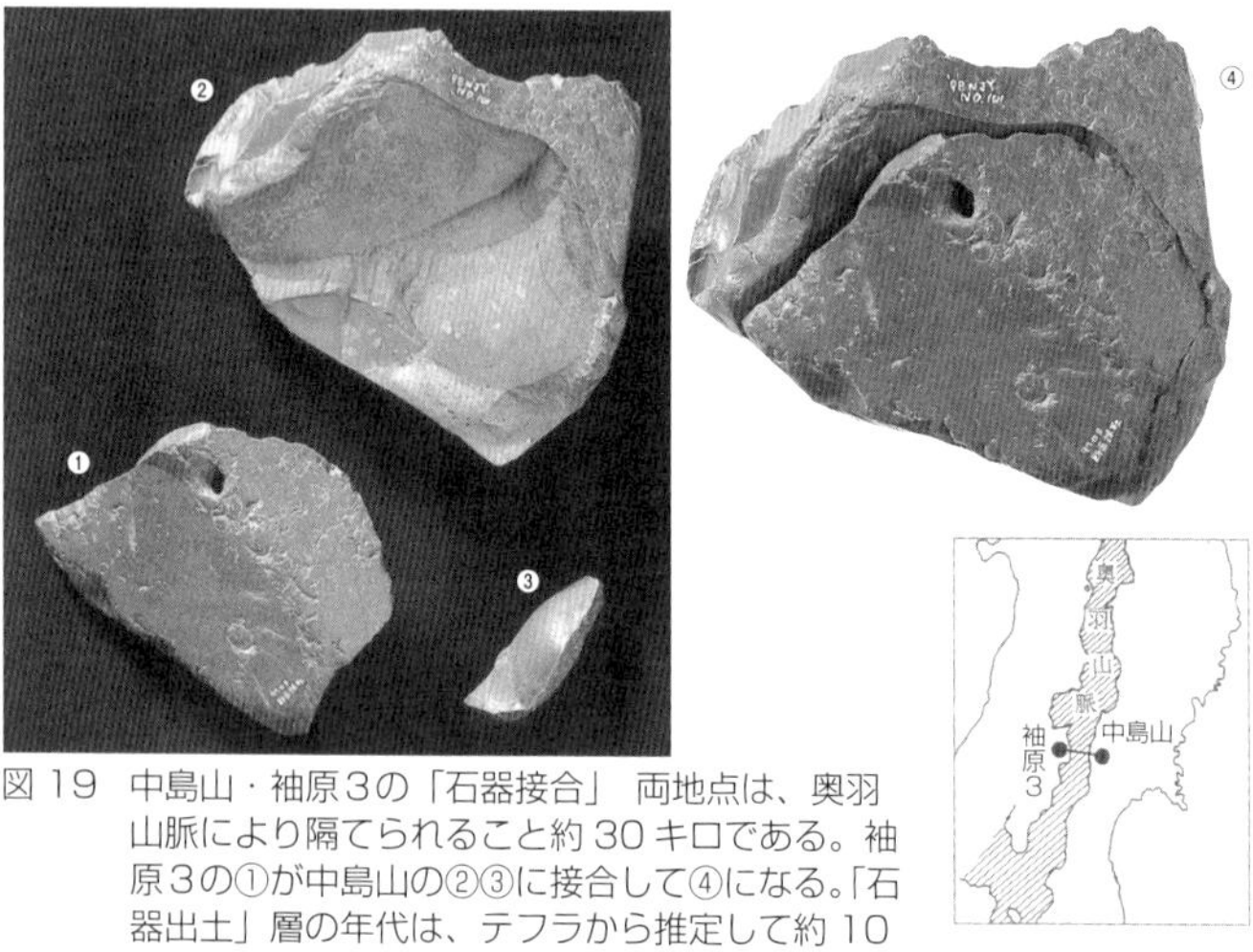

図19　中島山・袖原3の「石器接合」　両地点は、奥羽山脈により隔てられること約30キロである。袖原3の①が中島山の②③に接合して④になる。「石器出土」層の年代は、テフラから推定して約10万年前と考えられ、世界最古の遺跡間接合の事例で、両遺跡を含めた宮城・山形の地域を中期旧石器人が移動する領域としていたといわれた。①の長さ7.6センチ、幅6.6センチ

掘によって、約七〇万年前にまで最古の文化が遡ることとなっていた。

「藤村業績」の宣伝に加担した私

私は、上京して文化庁に勤めるようになって六年がすぎ、四六歳の時に主任文化財調査官として埋蔵文化財部門の責任者になった。その年、一九九五年ころから、毎年のように旧石器・縄文文化を扱った概説や一般への普及書などを執筆するようになった。

職務上、縄文時代遺跡の保存・活用にかかわる機会がしばしばあった。また里浜貝塚を九年間発掘調査・研究した実績が評価されたのか、貝塚・縄文文化に関する原稿依頼や、発言の機会が多くなっ

た。『週刊朝日百科縄文物語海辺のムラから』（一九九四　朝日新聞社）、『日本の美術三五六貝塚と骨角器』（一九九六　至文堂）などである。そして考古学関係の全集・通史が企画され、旧石器・縄文を通して私が執筆する機会が増えた。『ここまでわかった日本の先史時代』（一九九七　角川書店）、『歴史発掘1　石器の盛衰』（一九九八　講談社）、『放送大学テキスト「古代の日本」（一九九八）』（「旧石器時代の日本列島（藤村新一をゲストに呼び旧石器発見について解説）、縄文文化の成立と展開、縄文人の生活と文化」の三講座を担当）、『AOKILIBRALI　日本の歴史1　日本列島の石器時代』（二〇〇〇　青木書店）、講談社二〇〇〇年刊の『日本の歴史01　縄文の生活誌』へと続いていった。また、講演・シンポジウム・対談などで普及啓発、全国的な調査・研究成果の普及や活用に努めていた。

今日行われている埋蔵文化財保護行政の中心的な実務は、開発によってそれが破壊される場合、開発者の理解と協力を得て事前に発掘記録を残す緊急発掘調査だといっても過言ではない。つまり、国民や地域の人びとの理解と協力のもとに、開発で遺跡を破壊する代償として、開発者によって発掘費用が負担されて発掘調査を実施する。そこで、文化財の保護（保存・活用）をより前進させるために、全国で多数行われている発掘の重要な成果を、少しでも速くわかりやすく社会に広く伝えなければならない。そのことに最大限の努力を続けた。折りしも考古学ブームの絶頂期に当たり、マスコミも遺跡関連記事を盛んに取り上げ、出版界でも考古学が大いに取り上げられ、私にも多くの発言・登場の機会が与えられた。当然ながら、立場上、より確かな事実について、わかりやすく重要性を解説・説明する責任もあった。

この一環として全国の発掘成果を紹介する機会には、捏造遺跡の「成果」の概要を宣伝もした。しかし、このことは結果的に捏造成果を承認し、定説となるような権威づけに協力し、多くの人に誤った情報を押しつけることとなった。このような発掘成果をただノリとハサミでパッチワークするような情報の羅列は、単に情報が氾濫している状況でしかないにもかかわらず、研究が深化し体系化され、進展しているかのようなみせかけの現象を招いていた。

そして「捏造成果」は、教科書や副読本などに登場して歴史教育の素材とされ、博物館などでの展示、多くの概説書、地方史にも登場した。私としては、研究の成果を吟味・検証して確実なものに高めること、成果を社会に生かすことなどについての真の使命・意義を結果的におろそかにしたことになる。緊張感、研究に対する厳しさを欠いた責任は大きい。

覆い隠せなくなった矛盾

宮城県で「前・中期旧石器」が確認され、一九八五年ころには考古学界で一般的に認知されるようになった。このころは全国で一年間に五五〇〇件ほどの発掘調査が行われ、さらに毎年数百から一〇〇〇件ほどの発掘調査が増加していた。しかし、宮城県内はもとより、全国でも藤村関与遺跡以外は、中期旧石器時代以前の石器発見の報告はなかった。日本列島で初めて旧石器が確認された一九四九年の岩宿発掘以後は、東京都茂呂遺跡や長野県の茶臼山《ちゃうすやま》遺跡などが相次いで発掘され、さらに北海道の各地や長野県野尻湖《のじりこ》などで採取されていた石器の中から旧石器が確認されるという、全国的に旧石器の存在が追認されていくような研究状況だった。つまり一度その存在が認識されると注意が行き届き、続々と旧石器が発見された。

しかし、「前・中期旧石器」研究は、その時のような状況とは全く異なっていた。つまり、藤村関与遺跡以外での類例の発見を切望していたが、なかなか発見されないという不自然さ・不思議さが続いた。なお、一九九五年に山形県寒河江《さがえ》市富山《とやま》遺跡で中期旧石器ともいわれる藤村が関与しない石器群が、行政による緊急発掘調査で発見された。しかし、縄文時代の石器製作跡であるという反論があり、今日まで確認されるには至っていない。

ところで捏造が発覚する前年の一九九九年には、北海道から福島・山形まで六か所、発覚の年には群馬・埼玉県が加わって一〇か所で藤村関与の発掘調査が実施された。藤村は、発掘しているところを広域に飛び回って、虎視眈々とタイミングを見計らって捏造を繰り返していた。今にして思えば、長年の疑問点が拡大・増幅したり、次に述べるような不自然な点が新たに顕在化してきていた。

私は捏造が発覚する四か月ほど前の七月十一日に、テレビ放送の文化財担当解説員と秩父の発掘現場に向かった。車の中で、最近の「発掘成果」を見ていて以下のような疑問を感じていると、Ａ４一枚のメモにしたがって話した。

一九九九年から北海道で原人クラスの時代に属するという石器が出ている。しかし、原人は北緯四〇度あまりまでしか北上・進出しておらず、それより北には適応が確認されていない。したがって北海道、さらにその北から原人が日本列島に移住したとは考えにくい。つまり北ルートの原人の日本列島への移住は難しいにもかかわらず、北海道から原人の石器が発見されることは不自然である。

また北海道から関東まで（つまりすべての藤村関与遺跡）同じ石材の石器が発見されていて、在地の石材を使うことによる地域的な石材の違いが認められないのは不自然である。このような極めて広い範囲を、古人類が石器を持って頻繁に移動していたとは考えにくい。また、石器の形態や種類が数十万年間変わらず、また地域による差が見られないのも変である。

通常の遺跡では数百点にものぼる多数の石器が出てくる。石器集中地点がいくつか点在して発見される。そして石器集中地点には、石核や普通の剥片が多数含まれていて石器製作を頻繁に行っていたことがわかる。しかし、藤村らが手がける最近の秩父や上高森の発掘では、普通に石器が発見されないで、むしろ石器埋納遺構や墓・建物跡などといわれる特殊な遺構が多く検出される。このような特殊な遺跡ばかりが発見されるが、普通の遺跡の様相が知りたい。

さらに、かねてよりほかの研究者も疑問視していたことであるが、遺跡から石器製作を示すチップ（石屑）が出土しないこと、等間隔に石器が出土すること、七〇万年前から旧石器時代を通して熱処理した石器や押圧剥離の見られる石器が継続すること、きわめて定型的な小型尖頭器やヘラ状石器が形態や地域の差をもたずに数十万年間継続して出土することなど、ずっと気がかりであった疑問点についても話した。頻繁な「発掘成果」が急激に増えて比較する事例が多くなり、また北海道から関東地方まで事例が広域になっていたことも、諸矛盾がより目立ってきていたのかもしれない。

秩父で藤村・鎌田と論争

秩父の発掘隊が泊まっていた旅館には、夕食が終わったころに到着した。県の調査関係者らがそれぞれの部屋に戻った後、宿に泊まっていた鎌田らにも、昼間、車中でテレビの解説員に語ったのと同じ疑問をぶつけてみた。

しかし「捏造成果」を信じ切っていたのだろう、彼らは私の疑問に逐一反論してきた。まず原人が北海道回りで本州までたどり着いた不自然さについては、西シベリアでは北緯約六〇度辺りから原人が残したアシュール文化の遺跡が確認されているので、西シベリアからさらに東へ進んで東シベリアより日本列島に到達したのだろうと言った。アシュール文化とは、アフリカや西アジア、インド、ヨーロッパなどに広く分布した、ハンドアックスやクリーヴァーなどの大型石器を特徴とする原人（前期旧石器）の代表的文化のことである。私は、それはどこのなんという遺跡か尋ねたが、具体的な返事はなかった。さらに彼らは北海道には古くから大陸系の化石動物が出るので、北からの原人の移住も考えられると付け加えた。

また、一〇〇万年前を遡る中国最古の泥河湾遺跡群では舟底形石核やそれから剥離された剥片も発見されていて上高森など日本列島の原人の石器群に似ているとか、完成された石器ばかりが出るのは次に帰ってくる時のために計画的に石器を置いていったためだなどと、私の疑問に反論して答えた。時すでに遅きに失していたとはいえ、私も疑問点をより鮮明にして、強く主張すればよかったと今さらながら思う。

そんなやり取りの後、脇で酒に酔って寝ていたと思っていた藤村が起きて語った。「先日も疑いの目で発掘現場を見に来ていた第一線の旧石器研究者が、石器が出土する状況を見て納得して帰っていった」と言い、心配することはないというような口ぶりだった。

このころの私は、新聞社などからたまには藤村関与遺跡についてコメントを求められることもあった。しかし、積極的に評価しなかったためか、発言はほとんど紙面に取り上げられなかった。小鹿坂《おがさか》で発見された「建物とされた遺構」について、「原人が建物を作っていたとなれば、常識破りの画期的な発見だ。しかし、本当に人が構築した遺構であるかどうかの立証を十分にして欲しい」、「住居跡とするには小さすぎないだろうか」といったコメントが新聞に掲載された程度であった。私自身、つぎつぎに発表される驚異的な成果を無邪気に評価できない雰囲気を感じ、またそれぞれの発掘現場を見ていなかったこともあって、「成果」にやや無感動になって距離を置くようになっていた。

また、出版物の刊行に際しても、編集者から「成果」を強調して取り上げて欲しいといわれたり、発見を強調する表現や見出し、口絵カラーに取り上げることを勧められることもあった。藤村による「成果」が盛んにニュースとして取り上げられていたため、刊行物の販売部数にも影響すると考えたのであろう。

捏造発覚の前年には、フランスで旧石器を学んできた竹岡俊樹が、ヨーロッパの前・中期旧石器とは違うなどと疑問点を論文に書いたり、マスコミに否定的な情報を流し始めた。また馬場壇A以来の「前期旧石器」発掘に参加し、現在は旧石器など遺物整理・分析などを業務とする会社を営んでいる角張淳一も、竹岡の影響を受けて発覚年の七月二十二日から自社のホームページに「石亭秘話　前期・中期旧石器発見物語は現代のおとぎ話か」と題した、藤村らによる「成果」に疑問を呈する論文を載せた。また、山梨県埋蔵文化財センターに勤務する旧石器研究者が、「へラ状石器や小型尖頭器は縄文時代の石器ではないか」といっているとの噂も聞いた。つまり諸矛盾・不自然さが顕在化して、大きく膨らんだ風船が破裂する寸前のような状況が、私にも間接的に伝わってきていたのだろう。しかし、まさか「捏造」しているとは考えられないと、ここでも疑う自らの気持ちを打ち消していた。

2　捏造発覚

毎日新聞の大スクープ

二〇〇〇年十一月五日に藤村新一による「捏造」が発覚したのは、その夏から始まった用意周到で根気強い毎日新聞社の取材と決定的には捏造現場撮影の結果であった。北海道根室通信部が、考古学関係の知人から聞いた話だとして、二〇〇〇年八月二十五日に以下のようなメールを札幌の報道部長に送った。「極めて短期間に相次いでいる北京原人に匹敵する『世紀の発見』は、東北旧石器文化研究所の藤村副理事長が手がけた発掘調査で、しかもすべて本人が第一発見者で『まゆつば』らしい。マスコミは藤村氏を『神の手』と呼んでいる」という内容だった。これが発端となり、二か月あまりの取材で「捏造」は発覚した。この劇的な経緯は、『発掘捏造』（毎日新聞旧石器遺跡取材班　二〇〇一『発掘捏造』毎日新聞社）に仔細に綴られている。以下、このドキュメンタリーに則って、一連の経緯・事件の展開について要点をまとめてみよう。

札幌の報道部長は、遊軍キャップら五人の記者とカメラマンを加えて取材班を結成した。まず、「前・中期旧石器時代」の遺跡や藤村に関する分厚い過去の新聞記事を読み、刊行物やインターネットなどによって資料を集めることから始めた。また、藤村の業績に疑問を持っている専門家を探して取材しようとした。そして、直後に迫った北海道新十津川《しんとつかわ》町の総進不動坂の発掘現場に張り込み、捏造現場を撮影する計画を立てた。早速、北海道内や仙台・東京などに在住する第一線の旧石器研究者を取材した。研究者たちは、矢継ぎ早の大発見や藤村の独占的な発見に驚きや戸惑いを表すものの、出土する事実をそのまま受け止めて、異口同音に藤村の発見を評価し努力をたたえ、疑問を口にした研究者はいなかったという。

取材班は、総進不動坂の発掘現場を下見し、高感度のカメラやカメラの首が左右に振れて遠隔操作ができるビデオなどの最新機材を用意した。できるだけ明瞭に捏造の様子が撮影できる発掘区に近い場所を探し、カメラのシャッター音が聞こえず、撮影者の姿やビデオカメラ装置が隠れる場所、進入や撤退も人目につかず犬などが吠えない現場へのルートなどを確保して、早朝に捏造している姿を撮影する準備を整えた。現場で張り込み始めた四日目の九月五日、早朝六時過ぎに総進不動坂の発掘区に現れた藤村が、石器を埋めているらしい現場を目撃した。しかし、ビデオカメラにテープを挿入していなかったため撮影に失敗した。カメラにも捏造シーンを的確に捉えた写真は、写っていなかった。

また次に取材班は秩父に飛び、十月一日から六日まで小鹿坂の現場を早朝に張り込みした。昼休みの発掘現場でテレビ局の生中継が行われたある日、取材が終わった後、午後の作業開始直後にまた藤村が石器を発見した。そして「埋納遺構」や石器も発見されたが、結果的には捏造現場を目撃できなかった。

小鹿坂では約三〇人の調査員・作業員は、通常現場から谷を挟んで三〇〇メートル離れたプレハブに戻って昼休みを取っていたので、昼休みの発掘現場は無人だった。また、藤村は地元を離れた遠隔地での発掘の場合、マイカーを使えなかったため、秩父でも遠く離れた宿舎との朝晩の行き来は自力ではできなかった。このような状況を勘案すると、昼休み中の人気のない発掘現場で、藤村は人目をしのんで捏造工作をしていたのであろう。

次に取材班は十月二十一日から六次目の発掘が始まる宮城県築館町上高森（現・栗原市）へと目的の場所を移した。上高森は、一九九三年に約四〇万年前の石器が発掘されて以来、日本最古の記録を更新し続け、約七〇万年前の古さまで到達していた。あらかじめ二十七日に「発掘成果」の記者発表、二十九日に一般向けの現地での説明会が、設定されていた。通常、記者発表や現場説明会は、発掘成果の重要度によって実施するかどうかが決められる。そして、成果が確認できた後に、発掘終了日に近い時期で一般が参加しやすい土・日曜日に現地説明会を設定する。そし

2000年（平成12年）　11月5日　日曜日

旧石器発掘ねつ造

宮城・上高森遺跡

調査団長の藤村氏

自ら埋める 「魔がさした」認める

北海道の遺跡でも

70万年前と発表

発掘現場での藤村副理事長

藤村副理事長がねつ造工作した場所から掘り出された石器。調査団は「石器一括埋納遺構7」と発表した＝10月27日

図 20　旧石器遺跡捏造をスクープした毎日新聞の一面トップ記事

て、記者発表の折りに発掘成果と共に現地説明会の日時を告げ、紙面に掲載してもらって周知するという段取りを取る。今にして思うと、数日間の短期発掘でありながら、重要な発掘成果が上がることを前提として、調査団はあらかじめに記者発表と現地説明会の日を設定していた。それまでの経験から当然、大成果が上がるものと思っていたのであろう。蛇足ながら、本来、発掘は、掘ってみなければ成果が上がるかどうかわからない。結果的に、十分な発掘成果が上がらない「空振り発掘」は、特に旧石器時代の場合はかなり多い。ここでも短期間の発掘でありながら、必ず成果があがるという不自然さを看過していたことをいまさらながら思い知らされる。

引き続き『発掘捏造』をもとに、捏造現場の劇的な取材の様子を要約しておこう。ついに十月二十二日朝六時二〇分三〇秒に、藤村が上高森の現場に現れた。まず深く掘った発掘区に入って、石器を埋めるらしい動作をした。さらに、取材班が隠れている場所から一〇メートルの至近距離に近づいてきた。そこで「石器埋納遺構」を捏造し始めた。しゃがみ込んで、周囲を警戒するように見回した後、三〇秒で小さな穴を掘った。そして、傍らに置いていたポリ袋から数点の石器を穴にばらばらと落とし込み、手で配列を整え、穴を掘った土を石器の上に埋め戻し、表面を手で叩き締め、上面を移植ゴテで削ってならし終えた。この間に要した時間は、一分二九秒だった。すべての捏造作業を終えて、六時三五分に藤村が乗った四輪駆動車は町の方向に走り去った。

次にこの捏造遺構が、発掘した成果として本当に発表されるかを、取材班は見届けなければならなかった。その後も早朝の現場を張り込んでいた取材班の目の前に、記者発表が予定されていた二十七日の早朝六時五五分、再び藤村が現れた。発掘区南端の二か所に穴を掘り、二十二日と同様に埋納遺構を捏造し、さらに深掘区に一分間降りた。記者発表は午後一時から、報道陣約五〇人や見物客の中で始まった。最初に取材班が目撃した捏造遺構は、埋納遺構七として確かに発表された。記者発表を尻目に藤村は「まだ掘り続けたい」といって、土坑の端を竹べらで掘っていた。一〇分が経過したころ、石器が顔を出し、見ていた人たちから歓声が上がった。ちょうど現場を見に来ていたロシア科学アカデミー極東支部の旧石器研究者・博士をも驚かせ喜ばせた。蛇説明の最中だった鎌田も「ええっ、出たの」と駆け寄り、報道陣で黒山の人だかりができた。蛇足ながら今思えば、高名な研究者、地元の偉い人、外国の研究者、テレビ特番取材のクルーなどの前で、石器発見を実演してみせて驚かせ、喜ばせ、暗示をかけてしまうパフォーマンスも彼の捏造手法の一つであったのだろう。

次に取材班は、藤村に直接取材してビデオを見せ、捏造を認めさせ、二〇〇〇年に一度の大スクープとする段取りであった。『発掘捏造』によれば、「藤村さんの業績を聞きたい」と取材を申し込んだ。捏造現場撮影に成功した日から一日か二日たった十一月四日の夜七時に仙台駅で待ち合わせ、ホテルでインタビューすることになった。ようやく七時四五分に「藤村さんに見ていただきたい映像があります」と本題を切り出した。藤村は、一分半の捏造工作の映像を見届けた。「はぁっ」

と深いため息をつき、天井を仰いで目をつぶり、そして、体全体から力が抜けたようにガクっとうなだれた。「何をなさったのか説明していただけませんか」と繰り返し記者が聞いた。しかし、押し黙ったままだった。沈黙の一〇分間の後に、「皆々ではない」と捏造を認める最初の言葉を口にした。捏造を認めたという情報が、直ちに八時前の東京本社に伝えられ、一斉に膨大な原稿を出稿する作業が始まった。

さらに藤村は、自分一人で、自分がコレクションした石器を埋めたといった。そして、「魔が差した」、「狭心症に糖尿病」がかなり進んでいて、「去年八月に軽い脳梗塞で入院して、うつのような状態になった」とも弁解した。しかし、昨年までのものはすべてまともなものだといい、座散乱木や馬場壇Aの捏造も強く否定した。総進不動坂も当初は否定したが、発掘現場に現れたのを目撃したと強く詰めよると、「全部じゃない、今年の分だけだ」と認めた。藤村の要請で午後八時四五分には鎌田理事長が呼び出され、ビデオを見てようやくことの重大さに気がついた。藤村は、鎌田からの「間違いないものを天地神明に誓っていうしかない」という勧めで、一〇時二五分になってから、ひょうたん穴、一斗内松葉山、長尾根、小鹿坂は、正しいと答えた。ホテルに迎えが来ていたのを潮時に、午後一一時五〇分に藤村は「ありがとう」といい残して、鎌田理事長らとホテルを後にした、と『発掘捏造』は記している。このインタビューが行われている間に、毎日新聞の総力を挙げてのその後の取材活動が開始された。文部省記者クラブは、直ちに文部大臣、文化庁幹部などへの取材を申し入れた。

大混乱になった学術関係機関

「捏造」報道は、スクープの翌日から一気に拡大した。捏造がなかった地方の新聞に至るまで各新聞社は、社説、特集、連載などの紙面を組み、「愚行だ、背信行為だ、考古学の敗北だ、揺らぐ考古学会」などと報じた。また、原因を論じたり、検証システムの確立を提言したり、検証が必要であり、信頼回復に努めるべきだなどと、一斉に声高に報道した。各テレビ局も、この事件を大きく伝えるとともにワイドショーにも多く取り上げた。追って週刊誌も加わって、連日この事件が取り上げられた。新聞は、しばらくして考古学・形質人類学者などの署名記事を掲載した。それらの記事のタイトルは、『協会捏造報告書』（前・中期旧石器問題調査研究特別委員会編　二〇〇三「表77前・中期旧石器時代遺跡発掘捏造事件史」日本考古学協会）で一覧できる。約二週間にわたる連日の報道であった。インターネット上でも多くの批判が寄せられた（前・中期旧石器問題調査研究特別委員会編　二〇〇三「表76捏造事件に関わるインターネット上のおもな考古学系サイト」日本考古学協会）。

海外でも、アメリカ、フランス、台湾、韓国、イギリス、ドイツ、ロシアなどで、この事件が報じられ、大きな反響を呼んだ。「台湾中央通信」は、「日本の著名な考古学研究者が石器時代の古物を捏造した、旧石器時代に関する日本の歴史が書き換えられるかもしれない」と五日に速報した。韓国でも、KBSテレビが五日夜のニュースで伝え、各誌も六日朝に写真入りで報道し、なかには「歴史の美化に走りやすい日本人の気質を表している」との論評も見られた。中国の新華社通信は、「遅れをとりたくないという日本国民の心理がある。経済大国の地位には満足せず、古代文明大国になりたいと考えているのではないか」と論じた。イギリスでも、「上高森遺跡の全体が傷つくだろう」、ドイツでは、「捏造だったのならどの研究者も気づくべきだった」、ロシアでは「上高森は日本以外にとっても重要な遺跡であるので大変怒りを覚える」などと書いた。世界的権威の科学誌『ネイチャー』も、十一月十六日号で捏造を伝えた。

中学校社会の歴史的分野の教科書では二社が、上高森・座散乱木遺跡と高森遺跡を巻頭や巻末地図に取り上げていた。高校では歴史教科書を発行している九社中六社で、上高森を旧石器時代の遺跡として記述していた（前・中期旧石器問題調査研究特別委員会編　二〇〇三「表78中学社会（歴史的分野）の二〇〇〇年度・二〇〇一年度・二〇〇二年度使用教科書の比較、表79高校日本史の二〇〇〇年度・二〇〇一年度・二〇〇二年度使用教科書の比較」日本考古学協会））。十一月二十二日には一社が、上高森遺跡の記述を削除する訂正申請を文部科学省に提出した。なお、文部省は二〇〇一年一月六日以降、中央省庁再編によって科学技術庁と併して文部科学省となった。その後、各社が続いて十二月半ばまでに訂正申請し、文部科学省は十二月二十六日に申請を認めた。

また多くの副読本にも、座散乱木や上高森などのことが記述され、発掘現場や石器などの写真が掲載されていた。当然教育現場にも、衝撃と失望を与えた。教室では、相沢忠洋の「岩宿の発見」から説き始め、この「発見」も紹介して感動を誘い、学問は進歩する、歴史は変わるなどと指導していたという（戸川点　二〇〇一「リレー連載・石器発掘ねつ造問題から考える　教育現場で考える」『歴史評論615』校倉書房）。教科書などで教えられていることは、正しいと信じている子供たちの信頼を裏切り、はるか大昔の日本人のルーツに思いを馳せた、子供たちを失望させたことを思うと胸が痛い。大学受験の試験問題にも上高森は、しばしば登場していたという。

事件発覚の影響は甚大であった。博物館でもエントランスに続いて捏造遺跡の石器を展示、紹介していたところも多かった。東京国立博物館では、藤村が上高森などで発見した石器三〇点を一九九九年の特別展から展示し、二〇〇〇年から常設展に組み込んでいた。また、国立歴史民俗博物館も、上高森の石器レプリカ（複製品）六点を展示していた。いずれの展示も、それまでの常設展の一部を改変し、最新の「成果」を追加して取り上げた展示であった。いかに、この「成果」が重要と考えられ、迅速に展示されていたかが理解できる。両館とも展示を取り止めると共に、展示パネルに事情を説明する紙を張った。

また文化庁などが、一九九五年から主催していた埋蔵文化財公開普及事業「発掘された日本列島」展では、毎年マスコミなどで話題になった遺跡・遺物を取り上げ、埋蔵文化財に対する理解と保護への協力を図ってきた。「捏造成果」としては、上高森に始まり、ほぼ隔年でひょうたん穴遺跡、総進不動坂、そして発覚の年には、埼玉県の小鹿坂・長尾根の「出土品」を展示していた。発覚後は、状況を説明する新しいパネルを掲げ、まず検証の推移や学術的評価を待つこととして展示は継続するという措置を取った。翌年の一・二月に巡回展示した埼玉県博物館も、同様の措置を取る形になった。

また、この年の秋から放送大学で放映していた「日本の歴史シリーズ1」で、私は旧石器と縄文時代の計三コマを担当していた。藤村に登場してもらい、上高森の石器や発見のエピソードを紹介していたので、シリーズ全体が放送中止となった。放送大学やほかの担当者・講師などには、大変な迷惑をかけた。

地に堕ちた考古学への信頼

日本学術会議歴史学連絡委員会は、「歴史資料の検証とその社会的活用について」を提言し、国際的に門戸を開くことも含めた自由な相互批判や自己点検による新資料の検証、高い倫理意識と責任を求めた。また、第三者機関による検証・相互批判、事件報道の影響による民間研究者の不利を回避すること、今後とも行政・メディアとの緊密な協力が必要であること、などを提言した。

もちろん考古学界内でも、日本考古学協会は、協会内に特別委員会を設けて藤村が発掘にかかわった遺跡を検証すること、自治体や研究団体の検証調査を支援・助言する形で参画すること、などを十一月十二日に決めた。文化庁は、自治体が行う検証調査、つまり「遺跡かどうかの確認などにかかわる発掘調査」などの実施について地元と調整すると共に、従来の発掘補助要項にしたがって関係自治体に資金援助をすることとした。また、文化庁は文部科学省に働きかけ、日本考古学協会の検証発掘と報告書刊行などにかかわる経費を全額、科学研究費として同省が補助することとした。

関係自治体の議会でも捏造事件が取り上げられた。宮城県では、すぐさま予定されていた宮城国体で行うことになっていた上高森での炬火採火を取りやめ、東北旧石器文化研究所のＮＰＯ法人格の剥奪、検証調査などの対処方針を取り決めた。引き続き県議会では、「藤村一人で捏造できる量を超えており単独での捏造とは考えられない」「組織ぐるみの犯行」だとして、藤村に対する損害賠償請求や、かつて県の職員として発掘にかかわった私への事情聴取を求める声が上がった（二〇一〇年度現在までに十数回の質問が行われている）。

宮城県側は、埋蔵文化財の虚偽発掘に関しての罰則規定は置かれていないなど、直ちに刑事責任を問える法令はないと述べた。これに対して質問者は、さらに、偽計業務妨害罪あるいは詐欺罪での告発が検討できるのではないかと質問した。しかし、石器文化談話会の実績や学界の評価を受けて、県教育委員会が自らの判断で発掘を実施したのであり、藤村が県を欺いて発掘調査させたことにはなりにくかった。さらに何を損害として捉えるのか、もし損失を求めるとしても損害金をどう算定するかなど、さまざまに難しい問題があるとして、告発あるいは賠償請求はしない考えを示した。

ここに概要を記述した以外にも「捏造」は、私が知りえない広範囲に多くの大きな有形無形の影を落としたと思われる。例えば、全国各地で実施されている開発事前の発掘調査現場でも、調査員に批判の声が浴びせられたり、「まさかこれも捏造じゃないよね」などと揶揄する発言も多かったという。各関係自治体や地域でも町おこしで、子供たちの作文コンクールとか「原人マラソン」などの各種イベント、これにちなんだ商品開発なども行われていたが、急遽取り止めや販売中止になった。それまで長年かけて築いてきた考古学への期待、信頼などは地に落ち、世間でも考古学に興味をもっていることすら恥ずかしく、周りから白眼視されるような風潮すら生まれた。

3 相次ぐ私への批判

自著の回収・絶版

捏造発覚一〇日前の十月二十四日（本の奥付は十一月十日刊行となっているが）に、大々的な宣伝のもとに講談社から『日本の歴史』が販売され始めた。網野善彦の00巻と私の『第01巻　縄文の生活誌』が書店の店頭に平積みされた。このころは、発掘成果が注目され大いに報道されたり、出版物に取り上げられ、遺跡が町おこしの材料にされるまでに考古学ブームが続いていた。そこに捏造が発覚した。文化庁における当面の職務としての急を要する部内説明、関連道県などとの連絡・調整や実態調査、国会対応などがピークをすぎたころ、私とこの本への批判が始まり、本の実質的な回収へと続いていった。

まず、立花隆が『週刊文春』十二月十四日号で、「講談社は、こんな本は一刻も早く回収して、著者に書き直しを求めるべきだろう」と切り出した。次にこれを読んだ丸谷才一が、毎日新聞夕刊（十二月十五日付け）に、物語的叙述部分については「小説的な語り口は、著者の知力や認識力を疑う」と批判し、「回収・絶版もしくは欠巻を勧告すると共に、この歴史シリーズに推薦文を寄せた不明を詫びる」と記した。さらにたて続けに朝日新聞の十二月十九日付けの朝刊「天声人語」でも丸谷の記事を要約して紹介し、この本の回収と絶版は、著者、シリーズの編集委員、出版社の責任であり、良心の問題だとした。そして、講談社が事実上この本を絶版として回収し、著者の書き直しによる改訂版を出すと十二月二十一日に発表した。これを受け、翌日には毎日新聞の朝刊一面「余録」で「時計をはずして生物時計とした岡村は、時間が読めなくなって捏造者に同調した。文化庁調査官としての資質を疑う」と名指しで批判し、「物語り風叙述は、空想考古学小説」だと揶揄した。

一方で、捏造の実態や様相の解明は、当然ながらすぐには進まなかった。ようやく検証再発掘や「出土石器」の検討が行われて、翌年の秋ごろには捏造されていた実態が見通せるようになった。藤村も証拠が上がった遺跡については後追いで告白し、少しずつ捏造を認めるようになった。そこで、まだまだ不明瞭な事柄や課題を多くかかえたままではあったが、捏造発覚後ほぼ二年をかけ、やっとの思いで二〇〇二年十一月十日に『縄文の生活誌』の改訂版を刊行した。藤村関与の遺跡はすべて考古学的な価値を持たないことになったことを、遺跡捏造の経緯と捏造検証方法と結果を基に説明した。そして、なぜ捏造は長年続いて発覚しなかったのかを検討し、学界や社会に対して自らの誤ちを率直に反省し、事件の再発防止と研究の立て直しについて説明した。さらに、列島最古の遺跡についての今後の見通しについて述べた（岡村道雄　二〇〇二『日本の歴史01　縄文の生活誌改訂版』講談社）。また、この間に私が監修した成美堂出版『全国訪ねてみたい古代遺跡一〇〇』は、二〇〇一年八月に改訂版を刊行した。しかし、この時点では藤村関与遺跡を払拭できなかったため、その後絶版とした。さらに監修したり、一部編集に協力した集英社刊の『学習漫画日本の歴史1　日本のはじまり』や『ジュニア・ワイド版日本の歴史1　日本のはじまり』も、二〇〇二年には改訂した。そのほか、私が記述した関連の記載がある出版物は、二〇〇二年までにはすべて絶版になっている。

〝共犯者〟扱いまでされた私への批判の嵐

また一、二の考古学者が、私を共犯者であるかのように批判した。つまり、座散乱木三次・馬場壇Aなど初期の発掘成果は、私が雑誌『考古学研究』や『文化』などで示した「東アジア史に包括することができる日本前期・中期旧石器の理論的編年仮説（岡村理論）」通りに石器が発見されたものである。そして、藤村は石器の説明もできない、実測図もかけない全くの素人であることは周知の事実なのだから、石器を理解できない彼が岡村理論に整合する石器を埋める前にあらかじめ選定することなど、できるはずはない」と言うのだ。そして、「極めて有能な岡村が指導した結果、藤村と岡村との間に横たわる通常の常識では考えられない関係で起こった」捏造事件であると断じ、「さあこれから裁判に立ってもらう」とも言われた。またある大学教授は、「藤村を増長させた真相を調べるためには、文化庁に張本人がいる」と新聞に談話を寄せた。同世代の大学の研究者からは、「責任を取って詰め腹を切れ」としつこい電話をもらった。彼らのなかには、昔からの身近な研究仲間だった者もいた。仲間から批判され、疑われさえしたのは、不本意であり、大きく落胆もした。

さらにこれと同様な論の展開によって、毎日新聞出版文化賞を受賞した『神々の汚れた手―旧石器捏造・誰も書かなかった真相』で、元宮崎公立大学教授の奥野正男が、「岡村とその予言を裏づける石器を次々に岡村の監督する発掘現場で発見していった藤村との蜜月関係は、騙す、騙されるというような関係はいっさい存在しなかった。騙されたというウソがあり、藤村こそが岡村の仮説立証に利用され、騙されつづけた哀れな被害者である」と断じた。

さらにある人類学者は、捏造を支持・容認・宣伝した責任は岡村らにあると言い文化庁の岡村はその当事者であると名指し、研究者が役人という「したたかな俗人」の衣を着込んでいる、と批判した。

先に触れた宮城県議会においても、「高い専門性が必要な捏造であるから、素人の藤村には誰かが説明しなければ理解できないはずだ」として、岡村には「捏造に関与していた疑い」があり、「仮説論者として藤村を実行犯に仕立て、乗せられた藤村が石器を抜き取ってみせた」と、私が藤村に捏造をさせていたかのような構図までが俎上に載せられていた。

紹介したのは一部に過ぎないが、藤村の背後には岡村ありといった見方が考古学会をはじめとする関係者の間で根強く存在してきたこともまた事実なのである。

「君はやってないんだよね」

私の身近にいる文化財行政内の考古学研究者のなかにも、「岡村さんほどの一角の研究者が、まんまと騙されたのは信じられない」と何人かがいった。確かに藤村は、捏造による不自然さ、捏造の徴候を見せるなど、時折り、馬脚を現していたにもかかわらず、どうして見抜けなかったのだろうと思う。しかし、だからといって見て見ないふりや、騙されたふりをしていたというのは、悪意のある邪推ではないか。増してや、藤村に捏造を指示したとか、教唆したとかまで、論を飛躍させて批判されるのは極めて遺憾である。

本書を通読していただければご理解いただけると思うが、私がまだ宮城にいて初期の「捏造遺跡」の発掘調査を行っていたころ、藤村は、相沢の『岩宿の発見』、芹沢や私の「旧石器編年仮説」などを参考・モデルにして捏造していたらしい。実際、捏造設計図、モデルがないと、具体的な捏造作業はやりにくいだろう。彼は、私たちの話を聴き、論文などの図や写真を見て、見よう見まねで何とか私たちの目を欺ける範囲で捏造を繰り返してきた。見抜けなかった、騙されたのは、「捏造成果」が期待通りの大成果であり、旧石器研究の権威も認めてお墨つきをくれたし、少々の矛盾や疑問点を批判的・疑ってみる心理と観察眼が十分でなかったため、彼は「騙しやすい、甘い研究者たちだ」とほくそえみながら捏造していたのだろう。

やがて一連の発掘・研究の指導助言者、共同研究した自然科学者、そして共同発掘者や支援者などの多くが、捏造解明を進める「裁く側」となり、私などは疑いをただされて責任も追及される「裁かれる側」に追いつめられていた。私は、日本考古学界のなかで起こったこの事件の最も核心近くにいた「第一次関係者」と呼ばれ、その筆頭に位置づけられた（日本考古学協会　二〇〇三）。研究者としての私は、先述したようにまず早急に捏造について検討・議論しなければならないと思った。再検証調査の実現に尽力したいし、宮城で共に発掘していた時の経験を基に協力することも考えていた。しかし、事件の核心への関与、つまり捏造に加担していた疑いがかけられた。そして発覚してから一年あまりたってからも、旧石器の先輩研究者から「君はやっていないんだよね」とか、「君が大丈夫だと言ったから信じたので、迷惑をこうむっている。だから君が憎い」とか、「素直に反省して、検証に協力せよ」などとお叱りを受けた。

「聖嶽遺跡」事件への波及と賀川学長の自殺

遺跡捏造を暴き大スクープした毎日新聞社が、すぐさま二〇〇一年十一月十一日に座談会を開き、紙上に討論の概要を掲載した。また同様に同社が主催して翌年一月二十一日に公開討論会（シンポジウム）が行われた。その前、新年早々の一月五日に都内で、これを企画した研究者二人からこのシンポジウムへの正式参加が依頼され、その目的、内容、発表者、進め方などの説明を受けた。発表内容の一つに、これまでに日本本土から発見されていた旧石器時代化石人骨は、ことごとくヒト化石としての認定や古さに問題があるという主張が含まれていた。特に大分県の洞穴遺跡から出土した聖嶽人は、近世のものと思われる人骨と一緒に出たという旧石器は怪しいということを主張するという。私はシンンポジウムの主旨から考えても、ほかに関心・疑惑が拡大しないほうがいいし、「旧石器遺跡捏造」に話題を絞ったほうがよいと述べた。聖嶽人とは、当時別府大学学長だった賀川光夫教授が一九六二年、約一・四万年前の旧石器と共に粘土層の中から発掘した頭蓋骨破片のことである。日本では旧石器と共に発見された唯一の旧石器時代人骨として認められ、中国の周口店山頂洞人の頭蓋後頭部に似ると評価されていた。

この聖嶽洞穴遺跡に捏造事件はすぐ飛び火した。ある研究者の心ないマスコミへのリークによって、シンポジウム直前の一月十八日に発売された週刊誌が「第二の神の手が大分『聖嶽人』の周辺にいる⁉」と題した記事を掲載して「聖嶽」事件は始まった（「聖嶽」名誉毀損訴訟弁護団編　二〇一〇『「聖嶽」事件報道被害と考古学論争』雄山閣）。続いて同週刊誌は、「大分『聖嶽人』はやはり捏造である」（一月二十五日発売）など三回の記事によって、聖嶽洞穴遺跡で古くもない人骨にほかから運んだ旧石器を混ぜて旧石器人に見せかけたという捏造疑惑を書き立て、やがてその出土石器が十分に管理されていなかったという別問題の指摘にまで発展した。この疑惑に対して、賀川光夫学長は身の潔白を訴えて二〇〇一年三月九日に自死された。

私は幸い、先輩・研究者などから「自分からは退職してはいけない」、「まっすぐ顔を前に向けて頑張れ」と励まされた。また、多くの埋蔵文化財保護行政の仲間たちからは「保護行政での業績を評価している」などの支援・激励の言葉をいただいた。家族からも大いに支えられた。個人的には毎年「史跡」を集中講義していた大学の非常勤講師を辞退し、またある大学に勧められて申請していた「博士号の取得」については、結果的に申請を取り下げることとなった。

4　残された膨大な後始末

始まった検証への動き

先述した毎日新聞社主催のシンポジウム『前期旧石器問題を考える』には私もパネリストの一人として招かれ、状況の説明や意見を述べる場が与えられた。

この頃には、私も漠然と捏造現場が目撃・撮影された二か所以外にも捏造がおよんでいたという心証はあった。しかし、まだ具体的な検証の調査は始まっていなかった。私はそれまでの研究の延長に立ち、私が関与した遺跡でいちばん状況をよく知っており、発掘結果だけでなく各種自然科学的分析なども総合的に検討できる馬場壇A遺跡を例にし、この遺跡など捏造が行われていない場合もあるという立場で学問的検討を試みた。合わせて検証発掘の必要性や検証方法の提案、諸課題などについても言及した（岡村道雄　二〇〇一「日本列島の前期・中期旧石器研究の展望」『シンポジウム：前期旧石器問題を考える』国立歴史民俗博物館春成秀爾研究室）。なお、このころは多くの旧石器研究者や人類学者も、前・中期旧石器文化の存在を「立証」した初期の馬場壇A・中峯C・座散乱木などへ、捏造は拡大しないと見込んでいた（安斎正人・馬場悠男・立花隆二〇〇一「座談会　ねつ造が意味するもの」『立花隆・サイエンスリポート　なになにそれは？緊急取材・立花隆、「旧石器ねつ造」事件を追う』朝日新聞社）。私は、その後も、折りにふれて状況や考え方、方向性などについて説明しようと努めてきたつもりである（岡村道雄・山田晃弘・赤坂憲雄　二〇〇一「特別座談　事件が問いかけるもの―前・中期考古学の現在」『東北学vol．4』東北芸術工科大学東北文化研究センター）。しかし、結果的には、当初に遡って捏造が行われていたことが明らかになった。

実際の検証作業としては、発覚直後に関係者がいち早く立ち上がって、「東北日本の旧石器を語る会」が、藤村関与石器の捏造疑惑について検討し始めた。同会は東北日本の旧石器研究を目的とした研究者グループで、鎌田・藤村なども属し、毎年の同会で「捏造遺跡の発掘成果」を発表してきた。二〇〇〇年の研究会は、十二月二十三・二十四日に会津若松市にある福島県立博物館を会場として行う予定であった。急遽、研究会テーマとスケジュールなどを変更し、それまでに発見・発掘されていた藤村関与など三一遺跡から一七〇〇点あまりの石器を集めて観察し、検討と議論の場を設けた（大岩ゆり　二〇〇一「二〇〇〇年末の『検証会』報告　ニッポン原人は真暗闇の中に」『立花隆・サイエンスリポート　なになにそれは？　緊急取材・立花隆、「旧石器ねつ造」事件を追う』朝日新聞社）。後に表面採集石器につく特徴と判明し、有力な捏造判定の根拠となった「線状の鉄サビ、石器縁辺などに見られる新しい欠け『ガジリ』、黒色土の付着」（菊池強一　二〇〇一「石器の産状は何を語るか―検証の一歩前進のために―」『科学71・2』岩波書店）、新石器時代に特徴的に見られる石器を剥離しやすくする加熱処理や押圧剥離などが、この会で指摘された。

心が凍りついた藤村の捏造痕跡

翌春には、東北日本の雪解けを待って藤村関与遺跡の捏造検証発掘が着手された。疑惑の遺跡のなかでも、一斗内松葉山遺跡（福島県安達《あだち》町）では個人住宅の建設が計画され、そこが本当に遺跡であるかどうかを確認しなければならなかった。捏造の有無を確認して、保護行政上の取り扱いを急ぐ必要が出てきたため、事実上の検証発掘第一号となる試掘調査が行われた。

私も行政的な立場で試掘に参加できた。連休明けの五月七日のことだったと思うが、石器が見つかったというので現場に直行した。まず、どのように石器が包含されているのか、慎重に掘った。結果的には、移植ゴテのようなもので赤土の断面から横に小さな隙間を掘り、そこに石器（どこからか拾ってきた紛れもない昔の石器）を差し込んだ捏造痕跡を見せつけられた（一五一頁参照）。心が凍りつき、ほかの遺跡のものも多く捏造されたのだろうと頭では予感した。

その後、つぎつぎに日本考古学協会や関係自治体などが、藤村関与遺跡の検証再発掘を進めた。袖原三、上高森、総進不動坂、小鹿坂、長尾根が、再検証発掘され捏造判定が下され、終に二〇〇二年春に「史跡　座散乱木遺跡」が検証の俎上に載った。これらのすべては捏造された遺跡であることが判明した。史跡座散乱木遺跡は、検証再発掘の結果などを受けて、文化庁は「史跡座散乱木遺跡に関する調査研究委員会」を設置し、その取り扱いについて議論・検討した。そして文部科学大臣は、文化審議会の答申を受けて、二〇〇二年十二月九日付けで同遺跡の史跡指定を解除した。また、宮城県などでも発掘した二三か所を含む藤村関与遺跡一四八か所のうち、発掘した一三遺跡や、採集された石器を再検証して、旧石器時代とする積極的な根拠が見出せない一二九遺跡については、当該遺跡として取り扱わないこととし、旧石器時代遺跡としてのみ登録されていた二八遺跡については、埋蔵文化財としての周知を取り消した（宮城県教育委員会二〇〇三『旧石器発掘ねつ造関係遺跡の検証調査結果とその取り扱い』）。

また一方で、日本考古学協会の特別委員会委員長などで組織された藤村事情聴取班による藤村との面談が、二〇〇一年の五月から九月まで都合五回行われた。藤村から捏造遺跡について聞き出すことを主な目的としていたと思われる。藤村は、発覚直後に行われた記者会見以後、宮城県内の寺院に身を寄せ、その後マスコミを逃れて年内には遠く離れた病院に入院した。

すでにいくつかの所が検証再発掘によって捏造されていたことが明らかになっていたためか、かつての捏造否定を翻して後追いで捏造告白をした。そして、四、五回目の事情聴取時には、北海道から、岩手・宮城・山形・福島・群馬・埼玉までの各県で合計四二か所の捏造遺跡をワープロ打ちメモで示した。さらに座散乱木の捏造経過などについてもメモを用意していた。

遠藤智一さんの無念

踏査による遺跡の発見や遺物の採集は、考古学や発掘の基本、初期段階の調査として大変重要である。そしてこの調査研究は、地域に暮らす民間の遺跡・考古学の愛好家や地元研究者によって支えられる、地域に根ざした日常的な活動であることが多い。藤村による踏査、「抜き取り」が当初から捏造・偽装であったことが確認され、このような活動や役割を担ってきた民間研究者の意欲や役割・立場を踏みにじってしまった。「捏造」の罪の深さを改めて強く思う。

先にも触れたが、遠藤智一は、宮城県北西部で中学校美術担当教員の傍らで地元の遺跡を研究し続け、「談話会」活動や発掘調査のさいに、地主や宿舎など地元関係者との調整などに尽力してきた。談話会の踏査の際は、自家用車を運転していつも遺跡の案内役を買って出てくれていた。温厚な性格で控えめな人物だった。発掘にはできる限り時間を割いて参加していたようだっ

図21　馬場壇Aでの約12万年前のくらし復元（イラスト、遠藤智一『馬場壇A遺跡Ⅰ』より）

た。頭に手ぬぐいを巻き、いつも満足そうに黙々と発掘していた。私たち若い研究者の議論にも熱心に耳を傾けていた。現地説明会の司会をしたり、発掘の見学者たちにやさしく、わかりやすく遺跡を説明していた姿が印象に残っている。座散乱木や馬場壇Aの発掘報告書には、美術教師の特技を生かし、大昔の生活の復元イラストを描き、物語を綴っている。談話会活動の意義を最もよく理解し、談話会での活動が氏の生き甲斐だったのかもしれない。

遠藤は一九四九年の「岩宿の発見」のニュースをきっかけに、それ以前から自力で見つけていた座散乱木遺跡や城山遺跡などの石器が、旧石器であることを確信していた。この成果は、一九七〇年刊行の『岩出山町史』にもまとめられ、座散乱木遺跡などは、宮城県でそれまでに知られていた数少ない旧石器時代遺跡であった。この成果が談話会を中心とした研究活動に引き継がれ、遠藤自身もその活動に積極的に参加していた。しかし、その成果は、藤村に悪用された。つまり、遠藤らが発見していた旧石器時代遺跡に石器を埋めて、偽装をそれらしくごまかす状況作りに利用した。

捏造が発覚して遠藤らの発見した遺跡の登録も抹消された。長年にわたる自らの地道な努力・成果と、遺跡や考古学を愛する心に、大きな泥を塗られた思いであっただろう。発覚の後、遠藤は自らの成果を再確認するためか、しばしば座散乱木遺跡などに通っていたと夫人から聞いた。そして、二〇〇一年十一月に遠藤は、長靴を履いたまま玄関先で自転車の脇に倒れて発見され、翌日、帰らぬ人になった（享年七三歳）。自転車の前かごには、白い軍手と移植ゴテ（園芸用の移植ゴテ、内湾した幅広な剣先状の身に柄を付けた小さなスコップで発掘にも用いられる）が入っていたという。座散乱木などの火山灰層を削って、なんとか旧石器を再び発見し、「捏造遺跡」の汚名を返上したいという思いが伝わってくる。どれほどか無念だったことであろう。

第三章　捏造発覚から一〇年を経て

1　見破られなかった藤村の知恵

捏造現場の映像、検証再発掘、あるいは捏造遺跡から発掘された遺物や藤村宅のガレージにあった遺物などの観察結果によって、具体的な捏造工作について推測できた（日本考古学協会二〇〇三『前・中期旧石器問題の検証』）。まず、捏造に使った遺物の調達方法とそれらのストック方法、さらに遺物を古く見せるための加工方法などが問題になる。そして、遠く埼玉など関東や北海道までも石器を運んで発掘中の赤土層に埋め、自分で掘り出して見せたようだ。結果的にわれわれが、捏造場所、層位、発掘場所も設定して捏造舞台を用意してやっていたことになる。また、遺構も捏造したと思われるし、遺物埋め込み痕などの証拠湮滅（削り消し）も想定される。以下、捏造方法やその工程などについて、詳しく検討してみよう。

割り箸であぶった石器が〝世界初〟の発見に

藤村の自宅ガレージには、藤村が長年かけて遺跡の表面などから採集した遺物が保管されていた（小野昭・佐藤宏之　二〇〇三「40藤村コレクション」『前・中期旧石器問題の検証』日本考古学協会）。まず、採集遺跡名や抜き取り層位が注記された石器三一八点と、そのほかに注記のない石器九七二点（合計一二九〇点）が、まとめて保管されていた一箱があった。注記されていた遺跡の数は三八遺跡で、採集時期は一九七五年から一九九三年までであった。

ほとんどは縄文時代の石器であるが、なかには後期旧石器時代のものも少数含まれていた。ほかにも、自宅ガレージには、瓦・土器・石器が入れられた九箱分の遺物があった。なかには古くなって腐った箱もあった。箱の中には、多くの頁岩《けつ》、そしてメノウ・玉髄《ぎょくずい》・鉄石英を用いて作られた篦状石器、石鏃《せきぞく》、「小型両面加工石器」、「斜軸尖頭器」があり、褐鉄鉱《かってっこう》の線状付着や黒色土が付着した石器が多かった。

残念ながら協会の報告書には、遺跡名は記されていないが、古くは一九七五年の抜き取り資料にも褐鉄鉱の線状付着がみられたという。注記ずみの三八遺跡の遺物については、藤村が自身の踏査や遺物の発見について、年月日や種類・数などを記したメモ（藤村新一　一九九二「旧石器時代研究二十年の歩み」『第六回　東北日本の旧石器文化を語る会』）と照合すれば、藤村による遺跡捏造の経緯と内容が裏づけられるであろう。

ところでほかの遺跡から持ってきて「捏造遺跡」に埋めた石器には、もとの遺跡に存在した際の履歴を示す諸特徴が認められた。このような特徴について、藤村が関与した各遺跡の発掘担当者や小野昭・佐藤宏之らによって、藤村関与の各「遺跡」の「出土遺物」が観察・分析され、捏造に用いられた遺物を判定・抽出することができた（日本考古学協会　二〇〇三「Ⅱ部　捏造石器の検証」『前・中期旧石器問題の検証』）。

つまり、縄文時代以降の石器は、そもそも包含されている地層が黒色土であることが一般的である。その場合、その黒色土が、石器表面の凸凹した自然面にある窪みや亀裂に付着したり、打ち割った剥離面に見られるバルバスカーやフィッシャーなどと呼ぶ窪みや亀裂などにこびりついていることが多い。また、石器の表面全体が、黒色土の影響を受けて黒ずんでいる場合も多い。

遺跡表面で拾われた石器には、農機具などが縁辺などに当たってできた新しい欠損（ガジリ）や、耕作した時に農機具などによってついた金属の当たりが錆てできた、線状の褐鉄鉱付着痕跡（ライン様付着）が見られることもわかった。

これらの特徴によって「捏造」が判定された。ただし、土壌中に含まれる黒色マンガンや鉄分が石器に付着する場合もあり、旧石器時代の火山灰土層中から発見された旧石器にも、まれに似た現象が見られる。

藤村が捏造用に新たに打ち欠いて石器を作った形跡はない。しかし、遺跡から採集した石器や土器を捏造用に部分加工していたようだ。北海道の総進《そうしん》不《ふ》動坂《どうざか》から「発掘」された「斜軸尖頭器」の基部表裏には、煤・焼け焦げ跡と、焼けないで石器のもとの表面の色を残した細長く伸びる線

図22　総進不動坂の「出土石器」
（左、斜軸尖頭器、長さ4.0センチ。上右は基部加工尖頭器と呼ばれ、中央の細い幅の線状部は、世界初の柄を着けた焼痕跡だといわれた。両者とも赤く焼けた部分があり、稜線（線状の凸部）には鉄サビが認められる。また右の尖頭部（上端）下の両側縁には新しい小さな連続した欠損（ガジリ）も見られる）

状の部分があった。それらは、その石器を固定していた挟み込み式の柄の痕跡であり、世界で初めて中期旧石器時代の尖頭器の着柄方法と使用方法を明らかにしたとして注目された（長崎潤一　一九九九「北海道の中期旧石器文化」『月刊考古学ジャーナル444』ニュー・サイエンス社）。

　しかし、これは藤村が自宅から総進不動坂に持ち込んだ、縄文時代のものと思われる石器であり、表裏の細い線状の跡は、幅五ミリしかなく表裏の長さが異なり、微妙に方向も一致しない。長い割り箸で挟んであぶった時に、箸が焦げて周囲に煤が付着し、箸に挟まれていた部分には煤がつかなかった状況を示していると考えられる。なお、普通の割り箸は、先端が四ミリ、基部で五ミリの幅・太さを持つ。

上高森でも焼けた痕跡を持つ大型石器が断面から抜き取られ、原人が火を使ったことを示すと評価され報道されたこともあった。捏造用の石器を、しばしば火であぶって、古色をつけていたのではなかろうか。なお発覚後に、総進不動坂の石器が顕微鏡などで観察され、鉄分や黒色付着、石器縁辺の「ガジリ」が確認されている。

また、接合資料や石器製作の過程でできる剥片が、「藤村関与遺跡」から出土しないという疑問が示されたからか、宮城県の中島山や上高森では、玉髄を火であぶってばらばらに剥離させて剥片類を作り、接合資料としたようだ。なお、中島山と袖原《そではら》3の遠距離接合は、頁岩が節理《せつり》（岩石の割れ目）に沿って割れたものを利用し、両地点に離して埋めたことが「捏造発覚」後に明らかになった。また、粗雑な石器をドブ・田圃などに漬けて、鉄分を付着させて古く見せた可能性もある。

宮城県座散乱木《ざざらぎ》・鹿原《かのはら》D・大原D・志引《しびき》などから発見された隆線文・爪形文・無文土器など草創期と認定した土器は、「捏造発覚」後の観察によれば、すべてこの地域に見られる縄文時代早期や弥生時代後期・続縄文時代などの土器であった。表面全体に傷が見られるものが多く、この地域で表採した土器を埋め込んだと判定された。なかでも鹿原Dの土器は、縄文時代草創期の土器に似せるために内面を削って薄くした「変造土器」であるという（佐川正敏・吉岡恭平・相原淳一　二〇〇五「宮城県における土器出現期の現状と課題—旧石器発掘捏造問題後の覚書—」『宮城考古学第7号』宮城県考古学会）。

専門家も見破れなかった〝埋め込み〟実験

捏造発覚後の再検証発掘によって、福島県安達《あだち》町一斗内松葉山《いっとうちまつばやま》、山形県尾花沢市袖原3、宮城県旧築館《つきだて》町上高森《かみたかもり》では、火山灰土層に埋めたまま残っていた石器が発見された。

一斗内松葉山は、火山灰土層の断面・露頭で藤村によって石器が発見され、二〇〇〇年三月二十四日から四月二日まで東北旧石器文化研究所によって発掘が実施された。石器の出土する日が藤村によって予言され、福島県教育長や安達町長の目の前で、七〇万年前の地層から日本列島最古の石器群が発見され、大きなニュースになった遺跡である（東北旧石器文化研究所　二〇〇三『山形県尾花沢市袖原3遺跡　宮城県色麻町中島山遺跡　福島県安達町一斗内松葉山遺跡』）。

ここは、捏造発覚後の翌春二〇〇一年五月に「藤村関与遺跡」のなかではいち早く検証再発掘が行われた。発掘の結果、現場を担当した当時町の嘱託調査員らと私も、露頭断面に埋め残され

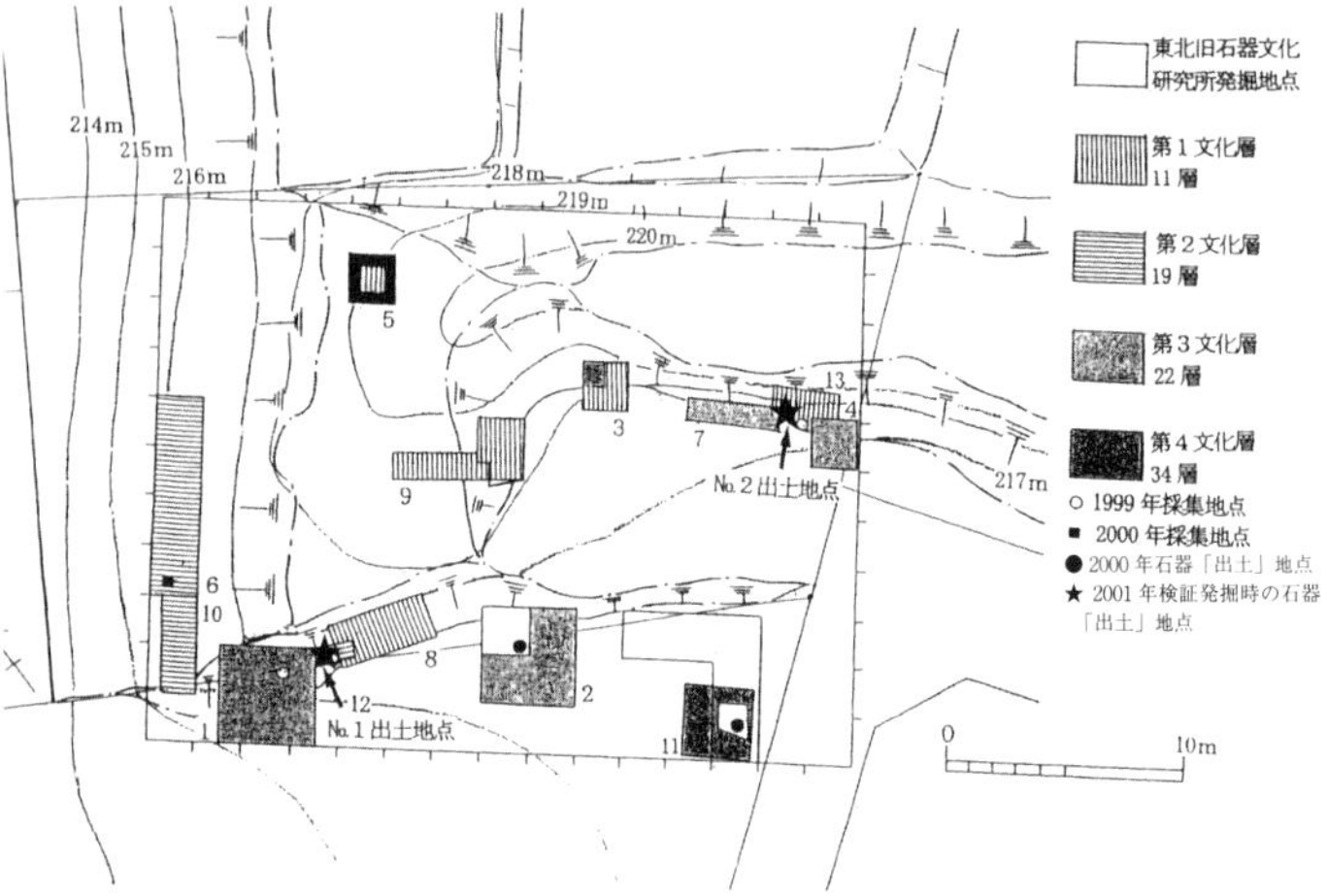

かつて藤村が火山灰土層の露頭断面で石器を抜き取った地点や東北旧石器文化研究所が発掘した地区を広げて掘り、石器の有無つまり遺跡であるかどうかを調査した。その結果、露頭断面に藤村が埋め残したNo1，No2の石器を発見し、さらに明瞭な捏造痕跡（右図）が確認できた。

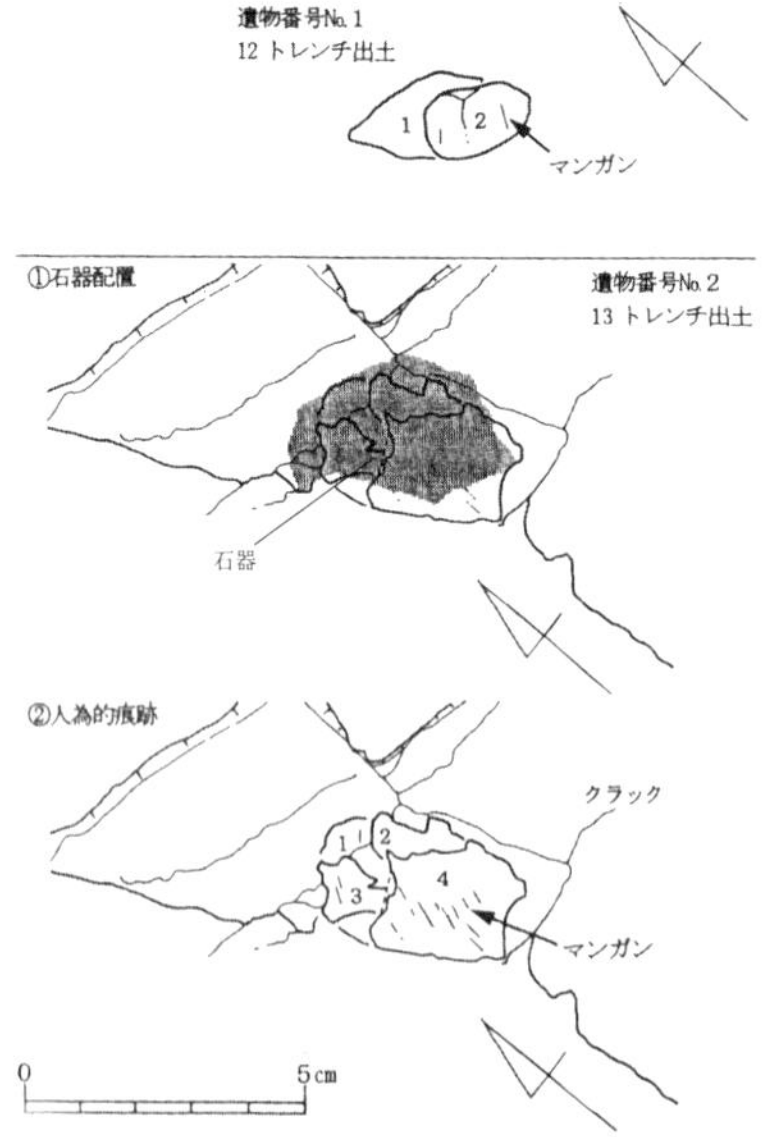

「出土石器」下の地層における人為的痕跡模式図

図 23　一斗内松葉山の検証発掘調査と捏造痕跡

た二点の石器の包含状態と生々しい最近の埋め込み痕跡を詳細に観察することができた。このことから石器の埋め込み方法・手口がようやく浮かび上がってきたのである。

石器はほぼ水平に地層に挿入され、石器の下にはやや湾曲した小さな平坦面が四面重複して残されていた。各面には、地層断面（露頭）の奥に向かって、刃の薄く鋭い移植ゴテ様の箆状の工具を突き刺したと思われる方向を示す並行な線状痕と、土壌中のマンガン（黒色粒子）粒が引き伸ばされて移動した痕跡が確認された。また石器表面には泥水が乾いたような被膜が認められた。

これは石器が包蔵されていた間（埋め込まれてから発見されたこの時までの一年間余）に、周囲の隙間に入り込んだ浸透水・泥水が、乾燥して付着したものと思われる。なお、石器には金属と接した際に生じる痕跡も残されていた。

つまり、移植ゴテのような物で地層断面に直交する薄い隙間を作り、その隙間に石器を挿入していたことが、再発掘によって明らかになった（安達町教育委員会　二〇〇二『一斗内松葉山遺跡試掘確認調査報告』安達町文化財調査報告第六集）。なお、捏造遺跡で石器を平面に埋めた場合は、上から土を押しつけて平らにしていたと考えられる。

上高森でも二〇〇一年十〜十一月に検証発掘が行われ、埋め込んだ捏造痕跡を残したまま発見された掘り残しの石器、異なる時期に堆積した地層にまたがって埋められた石器群が発見された。これらの痕跡と石器の出土状況は石器が埋め込まれたものであったことを実証した（渋谷孝雄・

藤原妃敏　二〇〇三「3捏造の方法」『前・中期旧石器問題の検証』日本考古学協会）。

なお、新聞社が映した上高森での遺跡捏造中のビデオ撮影によれば、石器一〇点前後を埋めて一石器集中地点を捏造するのに要した時間は、三分から三〇秒ほどで、一点埋める時間は七秒ほどであった（毎日新聞旧石器捏造班　二〇〇一『発掘捏造』毎日新聞社）。

石器を埋める時の配列にも特色が見られる。地層断面に埋める場合は、断面の奥にまで埋め込むことはできないから、必然的に断面に沿って直線的に並ぶことになる。この場合、数メートルの範囲内に無意識のうちにほぼ等間隔に埋めることになると考えられる。私たちはこの現象、つまり藤村が作った多分無意識の規制性を石器の「等間隔の原理」などと呼んでいた。また、このような地層断面での石器の出かたは、その断面の奥に石器集中地点が広がるように見えた。

発掘区に埋める場合は、今になってみると死角になる隅や壁際が選ばれる場合が多かった。また一般的に石器が埋められる範囲は長径四〜二×短径二メートルほどで（東北歴史資料館・石器文化談話会　一九八六『馬場壇A遺跡』）、後期旧石器時代の遺跡に見られる石器集中範囲が径四〜五メートルであるのに比べて狭い。また発掘区が広いと石器集中の面積が狭く、それが中央にある場合は大きく、端にある場合は狭い傾向が指摘されている（桜井準也　二〇〇一「「前期旧石器」石器集中部の空間分析―不可解な分布傾向をめぐって―」『第12回　日本情報考古学会大会プログラム』日本情報考古学会）。

私たちも当初より、石器集中範囲が狭く、石器の数も少ないことには気がついていた。しかし、遺跡での逗留期間が短く、より移動性の高い生活を送っていたための時期的・地域的な特徴だろうと解釈していた。また馬場壇A20層上面での石器集中地点を、浅い谷頭を囲んでほぼ環状に点在させたり、中峯Cでもおよそ環状に配列させる偽装を行っていたのであろう。

このような捏造の結果、発掘区の範囲に限定して遺物集中が収まっていた。一方、石器集中が発掘区外に広がるような石器の出土状況をしめしているので、さらに石器の出土を期待して発掘区を拡張して掘っても、遺物の分布が広がることはなかった。この現象も今にしてみれば、「捏造」の結果といえる。

また、発掘して「埋めた石器」が出てくると、埋めたときの穴を素早く削る証拠湮滅を行うこともあったらしい。遺物の全体像を早く掘り出してみたくて、その周辺だけ下まで深く掘ってしまうことがある。このような邪道な掘り方を、砂浜で貝を縦に掘り進む所作に似るからか「貝掘り」という。藤村は、しばしば貝掘りをして、周囲から注意され、再三注意したところ、機嫌を損ねて帰ってしまったこともあったという。

ところで、二〇〇一年十一月に行われた上高森の再検証発掘の際、一・五平方メートルの区画内の白色粘土層に九点の石器を埋めておき、発掘の専門家が掘って見破れるかどうかを実験した。二人の専門家は、埋めたことを知らされていたが、地表面から見ただけではひとつも埋めた場所を見抜けなかった。

また、通常の発掘のようにジョレンで表面の土を薄く削って埋めた場所を探したが、三か所はまったく見当はずれの箇所だった（渋谷孝雄・藤原妃敏　二〇〇三「3捏造の方法」再検証報告）。つまり、いいわけするつもりはないが、石器があることがわかっていても、赤土に石器を埋めて赤土で上を覆った場合、その箇所を判別するのはなかなか難しいことがわかった。

藤村が得意とした偽造「石器埋納遺構」

最初の発掘であった一九七六年の座散乱木第一次発掘で、すでに建物跡かといわれた小ピット群、第三次には長径一四五センチメートルの楕円形土坑が発見された。後者は、なかから副葬されたと推定した欠損した石器と小礫二点が発見されたため、墓穴だろうと考えた土坑が発見されている。また馬場壇A第六次発掘では、楕円形の底面が二〇〇×一六〇センチメートルとなる土坑が報告されている（東北歴史資料館・石器文化談話会　一九八九『馬場壇A遺跡Ⅲ』東北歴史資料館資料集26）。これは自然の土壌変質部分、ローム層中に生じた染みのような部分を、掘り下げた可能性もある。

そして、上高森の発掘から石器埋納遺構が発見されるようになり、宮城県の中島山へと続いた。捏造発覚の年に発掘された上高森や埼玉県小鹿坂では、五〇〜一〇〇メートルほどの発掘区内に

徹底討論　考古学vs.人類学

100万年前 〝ニッポン原人〟がいた!?

日本列島の人類起源がどんどん遡っている。七十万年前の石器も見つかった。〝ニッポン原人〟は、どこから来てどこへ行ったのか。旧石器に詳しい岡村道雄・文化庁主任文化財調査官と、ジャワ原人を調査する馬場悠男・国立科学博物館人類研究部部長が、「最古の日本列島人」を徹底討論する。

イラスト・さかいひろこ

60万年前、地中に埋められた石器群が上高森遺跡（宮城県築館町）から発掘された（左）。「原人のタイムカプセル」だ。石器を埋めたのは、どんなヒトだったのか。ほぼ同時代の北京原人の各種想像図、馬場悠男、岡村道雄、佐原真（国立歴史民俗博物館館長）、辻誠一郎（同館助教授）、堀江保範（国立民族学博物館共同研究員）のアドバイスを参考に描いた。

図24　上高森の「石器埋納遺構」（左下）と週刊朝日に掲載された復元イラスト

数基の建物跡とか生活遺構と呼ばれた小ピット群や十数基の石器埋納遺構・土坑が所狭しと発見された。

これらは「原人遺跡」のどこでも発見される「遺構」であった。小土坑を掘って数点の石器を納めた埋納遺構は、作りやすかったであろうし、遺構としてのインパクト・効果も大きかったと思われる。また、秩父の小鹿坂で発見された「生活遺構」は、中央がやや盛り上がる径一メートルあまりの狭い範囲の周辺にピットが巡る「遺構」で、原人の「建物跡」と考えられていた。

秩父では古い堆積層に生じた亀裂や鉄・マンガン鉱物の沈着などによって、一見遺構に見える現象を誤認して掘っていたり、それを藤村も利用して「石器埋納遺構」にしたてていたことが再発掘によって明らかにされている（埼玉県教育委員会　二〇〇三「8～10　埼玉県秩父市長尾根南・北長尾根・小鹿坂（2）遺構の検証」『前・中期旧石器問題の検証』日本考古学協会）。

なお、発掘区から石器が円形の範囲に分散して発見される状況・場面は、ごく当たり前の旧石器の出土状況であり、発掘して出てきたという安心感、先入観を強める精神的な効果をもたらしたと思う。

『岩宿の発見』がモデル？

捏造するためには、どの地層にどのように、どんな石器を埋めるのが適当か、についての知恵が必要である。藤村はたぶん、論文の層位図や石器実測図に目を通したり、談話会などの勉強会に参加し、周囲で語られていた議論や雑談などを傍聴していたに違いない。そして地層の古さや石器に関する情報をキャッチして、つじつまの合う捏造工作を行って裏をかいていたと思われる。

藤村が書いた旧石器発見にいたるエピソードには、日本最初の旧石器を発見した相沢忠洋の『「岩宿」の発見』（相沢　一九七三　講談社）に近似する部分が多い。展示場に通って親切な人から解説を受けたとする（相沢さんの場合は東京国立博物館の守衛）ところや、石器探しのために乗りまわしたのも、わざわざ「中古」の自転車だと記している。相沢さんが、遺跡捜しにも乗り、岩宿で発見した石器を学者に鑑定してもらうために東京まで九時間もかけて乗ったのも、中古の自転車であった事実を真似たのであろう。藤村が自転車に乗っていたことは聞いたことがないので、もっともらしい作り話だと思う。

遺跡を何度も巡り（藤村の場合は座散乱木跡に三〇〇回通ったという）、終に切り通しの赤土の中から黒くキラッと光る旧石器を発見する（藤村は新田B遺跡で黒曜石製の石器を表採したという）というストーリーも『岩宿の発見』と同じである。今にして見れば、『岩宿の発見』をモデルにした作り話も含まれている可能性がある。

いずれにせよ捏造するには、モデルとする筋書き・ストーリーがないと、具体的なやり方、進め方がイメージできない。藤村は、常にモデルを求め、参考にしていたのだろう。

もう一つ、藤村が参考にしたのではないかと思われる本がある。それは芹沢長介が七四年に著した『最古の狩人たち』（講談社）である。

『最古の狩人たち』は、藤村が捏造を始めた一九七三年の翌年に刊行された本で、カラー写真が多く掲載された藤村にとって身近な一般書であった。チェコスロバキアで発見された動物形土製品や、当時芹沢が日本最古と位置づけた早水台遺跡の石器もカラーページを飾っていた。

藤村は、座散乱木の最下層で「権現山型尖頭器」を一九六七年春に発見し、その年の秋に鎌田がその石器を私に見せた。私は自身の研究仮説から見て、四万年以上前の中期旧石器を特色づける石器であろうと鑑定した。早水台遺跡の粗雑な大型石器についても、藤村は芹沢本のカラー写真で見、東北大学に収蔵していた実物も芹沢に頼んで見せてもらっていた。

それがはっきりいつであったかはわからないが、私が東北大学の考古学研究室にいた時のことだから、一九七七年ころのことだったと思う。要するに、先の仙台市山田上ノ台《やまだうえのだい》遺跡などの発掘区に埋め込むのに適当な石器のモデルを、あらかじめ見に来ていたのであろう。そして、先述したように一九八〇年、仙台市教育委員会が発掘調査していた縄文時代中期の集落である山田上ノ台遺跡において、藤村が土坑の側壁から、今では偽石器といわれている早水台遺跡の石器に似た「粗粒の安山岩製石器」を初めて引き抜いているのである。

2　見破れなかった私の甘さ

だまされた最も大きな原因に、精神的背景や研究姿勢の甘さがあったと思う。以下それらについて検討してみたい。なお、このような面については、有名な偽書『東日流外三郡誌《つがるそと》』（以下「偽書」と略記する）事件に共通点が多いので、理解を助ける部分について参考にして説明したい。

偽書『東日流外三郡誌《つがるそと》』事件との共通点

『東日流外三郡誌《つがるそと》』とは、青森県五所川原市《ごしょがわら》に住んでいた和田喜八郎によって七〇年代に登場した一連の古文書群である。当時の市浦村（現在は五所川原市に吸収合併）の公刊村史に正式に取り上げられたことがきっかけで、世間の注目を集めるようになった。

和田本人の弁によれば、その古文書は自宅改築中に天井裏から落ちてきて〝発見〟された。文書の中身は中世、津軽地方に栄えた豪族・安東一族にまつわる伝承で、和田家に代々受け継がれ、それを明治時代に和田の曾祖父らが筆写したものであると和田は述べている。数百冊にのぼるとされる厖大な文書は、古代の津軽地方には大和朝廷に弾圧された民族の文明が栄えていたといった内容が記されていた。研究者間で真偽論争となり、雑誌・テレビ・論文・雑誌等で論争が行われた。しかし、真書とするには矛盾点が多く、和田自身が創作した偽書とする見方が圧倒的に強い（和田本人は九九年に死去）。

『東日流外三郡誌』と旧石器遺跡捏造（以下「捏造」と略記する）は、事柄や内容が、研究者、関係地方自治体、地元の人びとの期待感もあってそれらの人びとや多くのマスコミに取り上げられた。そして、「東日流外三郡誌」には当初から和田本人による創作ではないかとする疑問の声が上がっていたものの、「五流の詐欺師程度の人に偽書が作れるはずがない」と思い込まれた（斉藤光政　二〇〇六『偽書「東日流外三郡誌」事件』新人物往来社）。

それと同様に、藤村に対しても旧石器遺跡を捏造するほどの知識があったとは思えないという思い込みがあった。ほかにも『東日流外三郡誌』の事例は、旧石器遺跡捏造問題を考える上で大いに参考にすべきだろうという意見がある（原田実　二〇〇一「あまりに罪深い―石器捏造事件の構図と波紋―神の汚れた手」『正論』平成十三年二月号産経新聞社）。

「偽書」の場合は、稚拙な誤字が繰り返し出てきたり、その時代には使われるはずのない用語などもあった。和田は古文書だけでなく、もっともらしい由来や言われの場所を選び、遮光器土偶の形をしたアラハバキ神のご神体なるものまで〝発見〟するに至った。まったく子供じみてさえいた点も露呈していたので、疑いの目をもって観察・分析すれば容易に矛盾・間違い・不自然さには気がついたはずである。

　ところが、それを真に受けた町役場は、和田が〝発見〟したとする古文書関連の出土品を一同に集めた「東北王朝秘宝展」まで主催し、公的なお墨つきを与えてしまっていた。そして、多くの人びとが騙された。また直に研究者に持ち込んだのでは、直接的すぎて露見する恐れがあるから、「郷土史家」やマスコミにネタを持ち込み、権威づけ、世に出すためのきっかけとした。

「捏造」の場合も、場所は既に旧石器が発見され遺跡として知られていた所あるいはその周辺を選び、自分が埋め自分で抜き取ったと申告した。岩宿で相沢が、火山灰層断面で旧石器を発見したと同様の舞台を設定した。当初は多賀城跡調査研究所の鎌田などに鑑定してもらい、後には芹沢長介などの権威や若手の研究者などに見せて、権威づけ、世に出すための手段とした。

『東日流外三郡誌』を書いた和田には、ネタ本、シナリオ、先輩をまねた偽書トリックのモデルがあった。和紙に尿を染みこませて古色をつけた文書には、古い煤を塗り、墨文字に塩を擦りこんでかすれさせるなどの偽装も施されていた。

　同じく、前述のように藤村にもいくつかの捏造シナリオ、モデルがあった。嘘は大きいほど騙されやすいし、また願望も含めてありそうで大きな話に人は騙されやすいという。そんな大きな嘘があったり、大嘘つきがいると常識人には想像できないからだという（斉藤　二〇〇六前出）。

“夢”が疑う目を曇らせた

先述したように日本列島に約三万年前を遡る「前期旧石器文化」が存在したと、私の恩師芹沢長介が、一九六五年ころから主張していた。しかし、その石器は、「長介石器」「神様石器」などと揶揄されて偽石器と見る意見が強く、大論争になっていた。そして、「前期旧石器」存在の主張が行き詰まり、芹沢が不利な状況のなかで一九七五年ころには論争も膠着状態になっていた。

私は大学に入り、恩師の下でこの大論争のテーマであった「日本列島最古の石器文化」について指導を受け始めた。そして、芹沢が新たな証拠にしようとして発掘した群馬県岩宿Dの「石器」を、東北大学卒業論文の資料とした。しかし、恩師の正しい指導にしたがって実証的に検討した結果、人工品でない自然の営力が作った「偽石器」である可能性が高いという結論にほぼたどり着いた。

次いで修士論文では、かつて北関東で相沢忠洋が見つけ、芹沢ほかの研究者が一致して認めていた権現山遺跡などの石器を証拠にして、日本列島で将来発見されるであろう石器文化の見通しをたてた。一方でそれらは、中国大陸など隣接大陸の中期旧石器文化に類似することを述べ、その見通しの裏づけをとった。さらに私は研究室の助手となって相沢が群馬県で発見していたのと同様の石器を、確実に三万年より古い地層から発見することを目的に、一九七四年に北関東を踏査した。また、一九七六年には、これらの研究成果を論文にまとめた。

しかし、仙台から遠く離れた北関東での短期の踏査では、「前期旧石器」が簡単に見つかるはずもなかった。三万年以上前の氷河時代には、何回か寒冷期に海水面が大きく下がり、大陸と日本列島は陸続きとなった。ナウマンゾウなどの絶滅した大型動物が、陸伝いに渡来してきていたことからも、古人類が渡来・移住していた可能性は高い。私だけでなく、日本列島最古の文化が大きく遡る期待は大きく、まだ見たことのない「長介石器」とは異なる真の石器の発見を夢見ていた。

私は大学に残って旧石器を研究する夢と北関東で「前期旧石器」の存在を証明する夢を捨てて、一九七八年に東北歴史資料館に転職した。仙台湾の縄文時代貝塚研究や、広く東北地方の考古学や展示などを職務にすることとなった。

ところが一九八〇年春に座散乱木の道路切り通し下層から「前期旧石器」が抜き取られた。私がかつて予想を立てていた真の最古石器文化が発見されたと思った。驚き、大きな感動を受けた。それは、私および学界の期待通りのものだった。そのため私は、その「事実（捏造）」を吟味・検討・疑いもしないで、座散乱木の「前期旧石器」を安直に容認した。このような背景は、その後の発見も含めて、急速に「前期旧石器」が学会や一般に浸透していった原因の一つと考えられる。しかし、それは藤村が用意して埋めたものだった。

マジックショーに魅せられていた私たち

藤村は、また遺跡・場所を選んでそこに場面、状況を設定し、雰囲気を作ってもっともらしい「劇場」作りをしたと思われる。一方「偽書」の場合、偽書を書いた和田がマインドコントロールする対象は、それによって精神的かつ物理的な利益を受ける由緒ある団体、地域、個人、自治体であった。それによって共同幻想を共有でき、誰も困らず、地域ナショナリズムにも訴えられる格好の題材であった。

具体的には、売買、寄付、あるいは出版、活用イベントや展覧会・展示などを売り込んだ。それらは費用のかかることであったが、特定個人の迷惑にもならず、精神的には皆の期待に応える内容だったため、誰も批判的には見なかった。本来、真実追究は、慎重な資料吟味、論証、立論を図らなければならない。しかし、事柄の荒唐無稽さ、仮想・予想によくあった期待通りの結果だったため、手続きが甘いうちに容易に受け入れるという構図になってしまった。

「捏造」でも石器を道路切り通しなどに埋め、自分で埋めた石器を皆の前で抜き取り、あたかも初めて発見したかのように自分にも思い込ませていたのであろう。

発掘区を設定して掘り進んでも、なかなか石器が出ない。そこに藤村が発掘に参加して前夜祭が行われる。そして発掘現場で藤村が「出たどー」と勝ちどきを挙げ、大発見となる。その夜は祝勝会となり、記者発表、知事・市長などや大物研究者の来訪で場が盛り上がる。その場でまた藤村が石器を見つけ、それら来訪者を本気にさせ、信じさせる。後には、発掘現場の説明会や新聞・テレビなどの取材班の前で、まるでマジックショーのように石器を出して見せたこともしばしばあったと聞く。

疑問を呈するとすぐ石器が飛び出した

座散乱木一次調査で後期旧石器時代の地層を発掘していた時、「この時期なら一般的には礫群や炭化物が発見されるのだが」、と私たちが話題にしていた。

台風で発掘現場を休みにした翌朝、発掘現場にかぶせていたシートをまくって掘り始めたら、石器の集中とその一隅に三つの礫と炭粒が、点在しているのが発見された。前日の雨の中、藤村が礫を埋め並べ、炭粒をまいたのだろう。今思うと私たちの話題にのぼった礫群そのものを見たことがない藤村が、無理に礫群をイメージして並べたのが三個の川原礫だったのだろう。

本来、礫群とは焼けた礫・礫片が、径二メートルほどの範囲に集中しているものなのであるが。また「遺跡に石器製作の痕跡がない」とか、「接合する石器がない」とか、「このごろどうして粗粒の安山岩製石器が出てこない」などの疑問や不自然さを話題にしていた。すると、申し訳程度ではあったがそれら疑問に答えたものが発見された。今にして思えば、藤村が疑問に答えて、ごまかすために埋め込んだのだろう。

つまり、ほかの捏造事件にも見られるというが、不自然さに気がついた者、捏造を暴くかもしれない者が発した情報を受けて、捏造者に有利になるよう次の機会には偽装方法を改善していたのである（ケネス・L・フィーダー　二〇〇九『幻想の古代史（上）』楽土社）。

「まさかあの純朴な男が」という予断

目的に向かって発掘を共にする善意の集団に、まったく違った狙い・企みを持った者がいようとは思ってもみなかった。前にも述べたように朴訥で寡黙な藤村を、皆で勝手に不器用で真面目な善人だと信じ切っていた。学問、研究に限らないことであろうが、疑ってみていないと、あやしいものが見えていても見えない。逆に思い込むと、もとよりないものまで見えてしまうこともある。

例えば、不安や疑いを持って掘り下げた土の染み（本来、遺構ではなく、遺構に見えてしまったもの）も、なかから藤村が埋めた石器が出てくればやはり大昔の人が掘った遺構だったと安心する。期待・予想したもの、都合のよいものだったため、批判・吟味せず、見る目も甘くなった。作文も十分にできない、考古学的な知識も少ない藤村が、一人でボロが出ないような複雑で難しいことを考えられる・やれるはずがない、あんな純朴な人が、悪いことができるはずがないと思った。

ある考古学通の俳優が、「埋納遺構」の埋め土が汚く不自然だったので、本人に確認したくて宮城県までわざわざ会いに行った。しかし、純朴さに触れて、「あの人がやるハズはない」と考えを改めたといっていた。ましてや捏造や偽装が露見したら、研究者だったら破滅だ。捏造するために石器を作れるはずがない、持ってきて埋めるなら最初に見つけた所を発見地と報告しても重要性は代わらないのだから、わざわざ埋めるはずはないと考えた。常識的な判断をして、頭をかすめた疑問、疑いを否定した。常識的なインテリほど、真の姿が見えないまま、よく騙されるという（斉藤光政　二〇〇六前出）。

「捏造発覚」後に書かれたものによると、踏査に同行して藤村が石器を露頭に埋めているところを目撃した談話会員の夫が、妻にそのことを話した。しかし、ありえないと一笑に付され、それ以上追求しなかった。また、ひょうたん穴で藤村が石器を埋めるところを学生が見ていてさえ、まさかと思ってしまっていたことがあったという（鎌田俊昭・梶原洋　二〇〇二「藤村新一による旧石器ねつ造事件と我々の責任」『日本考古学協会前・中期旧石器問題調査研究特別委員会報告Ⅱ』二〇〇一年度前・中期旧石器問題調査研究特別委員会活動報告）。

藤村の周囲にいた私達には、彼に対する一種の先入観があったのではないかと思う。談話会の一員として活動していた藤村には、発掘活動をきっかけにしてより考古学的な知識を吸収しようとする姿勢があまり感じられなかった。当時は彼のことを石器を見つけるカンがある男だと思ったので、一緒に活動していく上で研究の面白さも知ってもらいたいと考え、手ほどきを買って出たことは前述した通りである。

ところが、彼はすぐに匙を投げてしまって、私も根負けした。専門知識を深めていくような学究肌ではなく、どんな石器を何点発見したかということだけが彼の興味の対象のように思えた。例えば講演などで、彼の場合、「何時どこで何を何点発見した」と羅列的に説明することがほとんどだったことからも、それは窺えよう。

発掘や石器が好きで積極的に活動には参加するが、学術的な関心は薄く専門性を持たない彼が、専門的につじつまの合うトリックをやり果たせるはずはないと思いこんでしまった。一緒になって「成果」を喜んでいたので、同じ目的に向かう仲間意識を持った。全く違う思いで我々の隙をねらっていたとは、思いもよらなかった。また、悪いことをしたり、騙したりする人ではないと思ったし、人を疑ってはいけないと自分にいい聞かせた。このような理解や精神的背景については、稲田孝司（二〇〇二「考古学の基本と共同幻想」『考古学研究』48・4　考古学研究会）も「共同幻想」と呼んで捏造事件の一原因だろうと解説している。

本人は当初、「出来心だった」とか「魔が差した」と言った（毎日新聞旧石器遺跡取材班二〇〇二『発掘捏造』毎日新聞社）。捏造発覚から一か月が過ぎた十二月七日にも、電話で話した鎌田に、「捏造現場を目撃された二回以外、ほかの発掘に捏造はない」と嘘の返答をしている

【協会総括P562】。しかし、初めから二五年あまり計画的で工夫された捏造を繰り返していたのは明らかである。

3　私が経験した数々の疑問

藤村による「旧石器遺跡」の踏査の始まりから、私が踏査・発掘現場を共にした一九八六年の馬場壇Aの発掘まででで不思議なことだと思ったり話題になったことなどについて、捏造が発覚した後の視点から振り返ってみると、長い間には多くの不自然な事柄、捏造の徴候を露呈させていたことに思い当たる。

このような不自然な事柄・事象は、裏を返せば捏造のシグナルであり、藤村は馬脚をあらわしていたことになる。しかし、捏造が行われていると本気で疑うこともなく、不自然さを善意で解釈し、なんとか説明できる理屈を探した。また大きな発掘成果が、不自然さや多少の迷いをかき消してしまった。疑問や迷いを感じても、本気になって捏造を疑い追求することとは、天と地ほどの差がある。さらに、発掘は正しい成果を上げようと一致して努力する善意の集団が行っていると信じていた。発掘仲間を少しでも疑ってはいけないとも思った。

以下に、それらの事柄を正直に列挙して捏造の手口を説明し、今後の捏造防止の参考になればとも思う。まず、藤村による初期の「旧石器発見」の経緯に沿って考えてみたい。

いつから捏造は始まった?

前述した一九七五年の藤村と鎌田が共著した論文には、座散乱木の火山灰層断面で最初（一九七四.四・二十九）に発見した石器も掲載されていた。そして、この石器も後の検討の結果、藤村によって火山灰土層断面に埋め込まれた旧石器遺跡を捏造した石器であった可能性が高い（佐々木和博　二〇〇三「遺跡捏造事件の実態　1捏造の始源」『前・中期旧石器問題の検証』日本考古学協会）。

また座散乱木も、捏造検証の再発掘の結果、石器を抜き取ったという土層断面の付近だけでなく、どこからも旧石器は発見されなかった。つまり、これが研究者の前で藤村が火山灰土層断面から、あらかじめ埋めた石器を抜き取って見せる偽装を演じ、信用させて論文に公表したり、マスコミに発表する一連の流れは、座散乱木が遺跡捏造工作の確かな始まりだった。

なお、日本考古学協会特別委員会の質問状に対する藤村の二〇〇一年九月二十六日付け回答では、「自信を持って捏造が一切なかった遺跡」として藤村は宮城平A—1遺跡をあげている（二〇四頁、図27)。当初には藤村も旧石器に興味を持ち、遺跡を探して歩き、破壊されていた遺跡の状況を憂いて保護に協力した面があったようだ。

しかし、後に行われた「出土石器」の検証の結果、少なくとも一部は捏造が裏づけられた。後述する鹿原《かのはら》Dなどと同様に工事中の現場で旧石器を発見したように偽装し、「遺跡」であることに注意を向けさせる捏造の一手法だったのだろう。

また、初期の踏査によって赤土の地層断面から抜き取ったと証言された石器も、捏造発覚後の再検証によって、石器に黒色土や鉄錆の付着が確認された。「断面抜き取り」の石器も偽装だったことが明らかになった。ちなみに藤村は、七五・七六年にそれぞれ一〇か所と二〇か所の「旧石器時代遺跡」を新たに発見している。また藤村が参加した談話会での踏査による石器発見率は、『協会検証報告』によれば九〇・六パーセントであり、そのほとんどが藤村によって発見されていた。現に、「藤村の首に鈴をつけて放して置けば、石器をくわえて帰ってくる」とまで言う人すらいた。

このころの藤村の捏造・偽装の舞台は、赤土の露頭・崖面だったのである。そして、一九七六年秋の座散乱木遺跡第一次発掘以後は、新発見遺跡は極端に少なくなった。一九九一年以降では新たに発見される「遺跡」は、古い地層から「石器」が発見され、最古に位置づけられる「遺跡」となった。そして、注目を集めるなかで直ちに発掘され、発掘区に石器が埋められる「捏造旧石器遺跡」となった。

封印された疑問の数々

座散乱木一次・二次発掘と同様、七八年に発掘が行われた鹿原D遺跡（宮城県小野田町＝現・加美町）でも、藤村は縄文時代の石鏃あるいはその未製品や破損品のなかから有舌尖頭器に似たものを選んで埋め、石錐《せきすい》や箆状石器も捏造に用いた。いずれも縄文時代草創期や後期旧石器時代末に相当する地層からの出土であるという所見を鵜呑みにして、私たちは地層の年代に見合う器種名で呼んだ。例えば、石器の形は縄文時代の篦状石器に似ているが、それよりも古い地層から出たのだからヘラ状石器と呼び変えて旧石器・縄文時代草創期に相応しい名前で区別しようとした。

発掘区の排土からは、二点の「有舌尖頭器」が発見された。それは発掘区に浅く埋めてあったために移植ベラなどで引っかけて掘り起こされてしまい、排土に運んだか、藤村が排土の上に置いたのであろう。その形や作り方などが草創期の特徴とは少し違うなと思いながらも、出土層位、出土状況を信用し、それを優先してしまった。

また、肘折軽石層下から黒く磨かれた後期半ばの土器取手の破片が発見された。これは型式的特徴から縄文時代後期のものであることは明らかだった。そのため、上層からの紛れ込みと考えて報告さえしなかった。今考えてみれば、二〇センチメートルあまりの厚さをもつ肘折軽石層が上位を覆っていたのだから、その層を突き抜けて縄文時代のものが落ちてきたとは考えにくい。これはつまり、藤村がその土器取手片を古い時代のものと勘違いし、埋め込んでしまった単純な捏造ミスだと考えられる。

鹿原Dと同様に仙台市の東北大学青葉山キャンパス内の「青葉山B遺跡」発掘の際にも、藤村が調査に参加した日に一三点の石器が排土から発見された（東北大学埋蔵文化財調査委員会一九八六『東北大学埋蔵文化財調査年報2』）。石器を発掘区に埋め込むチャンスがなかった場合に、持参した石器を排土に紛れ込ませて、発見してみせる手法もあったのかもしれない。

旧古川市の馬場壇Cの肘折軽石層下の断面採取でも、縄文時代後期の注口土器の注口部に似た土製品が発見された。出土層位が古いので時期的な型式的特徴と適合しないなと思いながらも、報告された出土層位を信じて私は苦しまぎれに縄文時代草創期の土製品と判断した（東北歴史資料館　一九八一『旧石器時代の東北』東北歴史資料館）。振り返って見れば、これも鹿原Dと同様、変わった形の土器片を土製品と間違えて埋め込んだ藤村のミスだったのだろう。

鹿原Dでは肘折軽石層の下に地表面の汚染・土壌化が認められたことは前述した。これは往時の人びとによる生活汚染だと考えられたが、実は藤村が遺物を埋めた時にできた土壌の汚染であり、それを見誤ったことになる。このように、座散乱木一次、鹿原D、座散乱木二次という当初の発掘調査時から、今にして思えば藤村は、しばしば捏造したための馬脚（捏造ミス）をあらわしていた。

鹿原Dの調査は、中央や地元の旧石器研究者、関連分野の自然科学研究者など、多くの先生方から直接・間接に指導・助言を得て調査研究を進め、前述のように当初より学術的で多角的な研究を目指していた。しかし、私をはじめ発掘に携わった者たちに疑問・不思議を追究する厳しい姿勢が足りなかった。

座散乱木「二つの不思議」論争

座散乱木一次発掘で有舌尖頭器などが見つかった大きな穴は、風などで倒れた木の根が周囲の土を根こそぎ掘り上げて穴を作り、その穴に掘り上げた土が落ち込んで再堆積して埋まった、風倒木痕であることがわかった。なぜ、そんな穴に再堆積して埋まったローム層の土塊中に、しかもその上面を一〇センチメートルほど掘り込んだ所から、石器が水平に並んで出てくるのか。この不自然さについて、発掘現場で議論になったことがあった。

つまり、二つの不思議についてである。一つは、木が倒れてその根について持ち上げられた土塊が、時と共にバラバラ落ちて再堆積したと考えられる地層に、石器が行儀よく水平に並んで発見された不思議と、一方で安定して堆積した火山灰層上（かつての地表面）に残された石器でも、

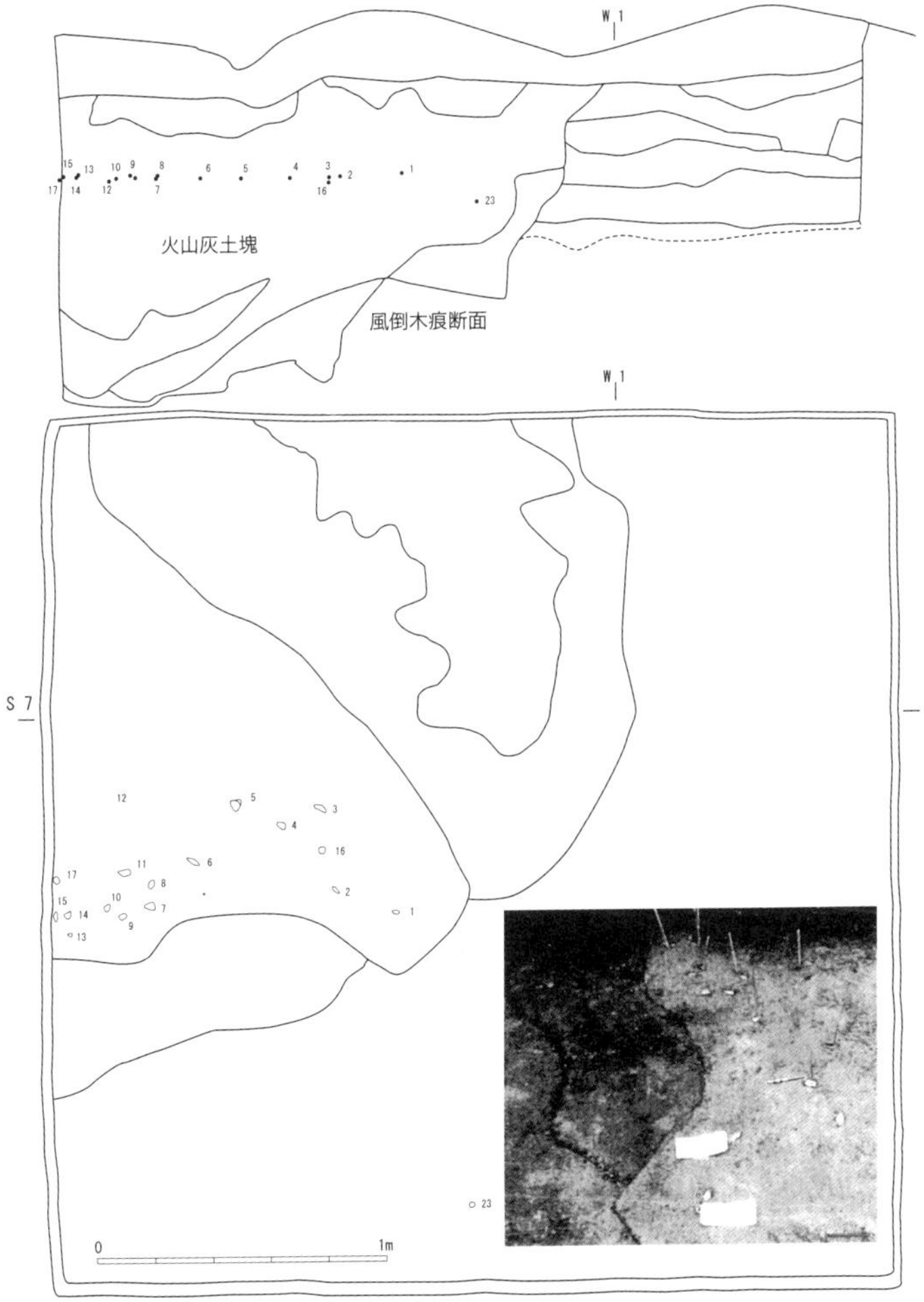

図 25　座散乱木の風倒木痕中の石器出土状況（クシを立てたり、ラベルが置かれている所などから「石器出土」、写真は 90° 右に回転した位置）

その後の霜・霜柱、流水、モグラ・ミミズや虫などの活動により石器は上下に動いて拡散するのが一般的なのに、この状態はそれとは異なるという不思議である。後者は、藤村関与遺跡の特徴であり、しばしば発掘現場でも議論し、外部からも疑問が投げかけられていた。

なぜ石器が上下のレベル差を持たないで、発掘区の底面からほぼ水平に並んで出てくるのかという点には、当初の座散乱木発掘から不思議な現象だと注意していた。今振り返ってみれば、藤村が平坦に掘った発掘区の底面に、自分を中心にしてぐるりと円形に石器を配列して埋めたのだから、当然一定の小範囲から石器が水平に並んで出てくる結果になったのだった。

座散乱木で発見され、注目された「日本最古の動物形土製品」についても、なぜか誰も発見された状況を見ておらず、発見した藤村はすでに手に持って近くにいた者たちに見せていたという。発見された経緯も不明で、発掘に参加していた地元の考古学研究者（当時、高校の先生）が、「その不思議な状況を疑問に思った」と後に私に語ったことがある。つまり、当時すでにその不自然さに気づいていた人たちもいたのだ。

さらに言えば、この土製品については発掘時にも表面に残された剥離やキズが観察されており、実測図にも表現されていたのである。だが、出土層位を信じて縄文時代草創期のものであると思い込み、その不自然な現象が深く追及されることはなかった。当然ながら捏造後の観察によっても、新しい剥離やキズ（ガジリ）が確認された（小野昭・佐藤宏之　二〇〇三「8・宮城県岩出山町座散乱木『前・中期旧石器問題の検証』日本考古学協会」)。これはスリップ（焼き物の表面を化粧する色着きの粘土）を表面にかけて堅く焼いた粘土製品であり、TL年代測定によって江戸時代初期の年代が報告され（長友恒人・青木智史　二〇〇三「動物形土製品の年代」『前・中期旧石器問題の検証』日本考古学協会）、捏造された物であることが証明されている。

座散乱木第一次の発掘報告書では、黒っぽいアスファルト状の物質が付着した石器七点を取り上げ、付着物の性質や付着状況を検討していた。後に宮城県中峯Cで検討していた石器の二重パティナ（白く風化した古い剥離面だけでなく、後の比較的新しい剥離面が重なって残されている現象）や同県馬場壇Aで注目していた石器の受熱痕跡についても、それぞれの特徴に気がつき、発掘時にそれらの意味について議論もなされていた。

しかし、それらの石器が旧石器だと信じ切っていたため、まさか新しい縄文時代の石器に多く認められる特徴だとは考えなかった。つまり今にして思えば、石器に付着した黒色物質が縄文時代遺跡の黒色土が付着したものとは考えずに、石器の着柄痕などを示すきわめて珍しい貴重な例だと考えて報告したことになる。

私にもよぎった疑念

通常の発掘では、土を削っていた移植ゴテに石器が当たった感触を得ると、周りを少し掘り広げて石器の存在と出土状況を確認し、石器上面のおおよその形が現れた時点で掘るのを止める。そして、その周囲から後に掘り出した石器と一緒に全体の出土状況を確認し、全体をまとめて出土状況の写真や記録をとる。石器に番号をつけ、図面・写真の石器番号と対応させてから、取り上げてポリ袋に収納する。

藤村はわれわれの再三の注意にもかかわらず、石器が見つかるとすぐその周辺や下までも掘ってしまい、よく注意されていたようだ。今にして思えば、石器を埋め込んだ穴を掘り消していた場合もあったのだろう。私の経験では、馬場壇A第二次発掘の一九層上面で出土したハンドアックスと呼んだ大型石器を取り上げた時に、その裏面の真ん中が白く乾いていて、それが出土した穴が小さな浅いV字状に残っていたのを奇妙に思い、しばらく頭から離れなかったことを思い出す。

大型の石器は、埋め込むにもやや大きな穴を開けなければならないし、埋めた石器との隙間ができることも多かったのであろう。石器出土状況の記録写真には、今改めて見ると石器が地層から浮き上がったようになっていたり、石器が埋まっていたはずの穴との間に隙間が見られる場合も多い。もっと注意深く厳しく出土状況をチェックすれば、はっきりした疑いをもてたかもしれない。

この後、馬場壇A第三次発掘の時だったと思うが、私は、藤村が発掘に来た時だけ、異常なほど藤村だけがよく石器を発見するし、ひょっとして藤村が誰もいない発掘区に石器を埋めているかもしれないという疑念を持ったことがある。

藤村が参加予定の朝に、軽い気持ちではあったが、宿舎を少し早く出て、五キロメートルほど離れた発掘現場に三〇分ほどかけて走って行ったことがあった。すると、すでに藤村とほかの数人が現場に到着していた。このようなちょっとした不安や疑念が、一〇年ほどの長い年月の間には、脳裏をよぎることは数度あったように思う。

しかし、あの無口で純朴な彼がそんなことをするはずがないと考え、石器作りの技術はないし、旧石器研究の理論や知識・仮説も持っていないはずだなどと否定的な材料をあげて、発掘仲間を疑ってはいけない、そして、まさかと思う気持ちの方が勝ってしまった。

見逃されていた「不自然な一致」

一九八〇年に発掘した山田上ノ台遺跡で、初めて「粗粒の安山岩製石器」を用いた遺跡捏造が行われた。それに引き続き、座散乱木第三次発掘調査の発掘区最下層でも、褐鉄鉱の被膜が厚く覆う「粗粒の安山岩製の大型石器」と砂岩製の卵形をした敲石《たたきいし》、良質石材（頁岩《けつ》）の剥片一点を、藤村は埋め込んでいた。

褐鉄鉱の被膜が厚く覆う粗粒の安山岩などの大型石器を藤村が選んだのは、早水台《そうずだい》遺跡と同じ

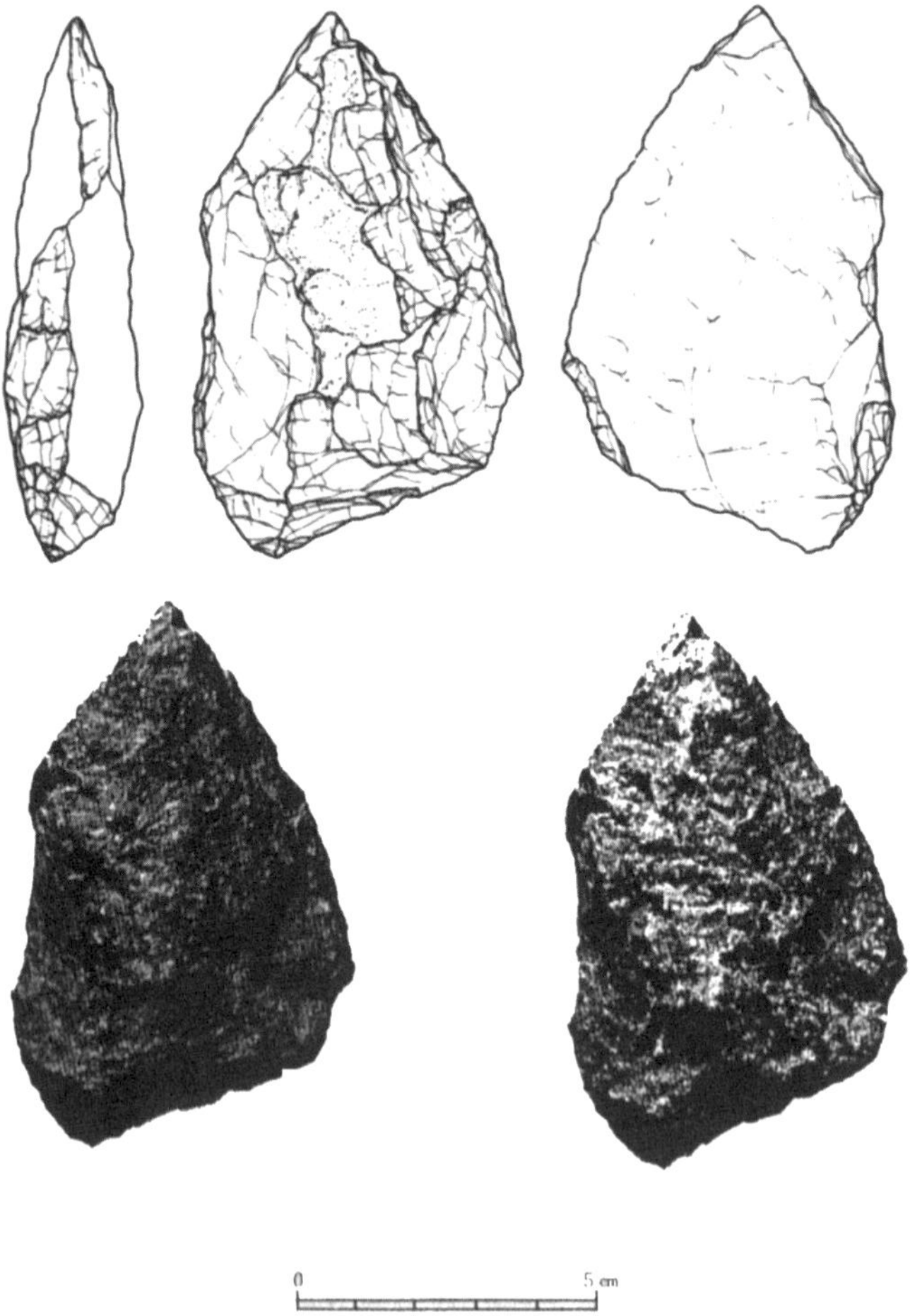

図 26　志引「出土」の「粗粒の安山岩製石器」（上、実測図、下の右は同左を厚く覆っていた鉄分を溶かして元の表面（実測図の中央）を見た）

ように最古の「前期旧石器」のイメージに合わせるためだったのだろう。

この種の特徴的な「粗粒の安山岩製の大型石器」が多数発見されたのは、山田上ノ台、座散乱木の発掘からであり、いずれも一九八三年に発掘された大和町《たいわ》中峯Cと多賀城市志引の発掘まで特徴的に出土し続けた。しかし、その後は出土しなくなり、一九八六年に実施された馬場壇Aの四次調査では、「当然出てよい古さの地層なのに、なぜ見つからないのか」と話題にしていたところ、最後の段階になってやっと一点が発見された。話題になり、疑問がもたれたことに対する回答として、藤村が追加して埋めたのであろう。

これらの石器は捏造再検証段階の観察で、説明なく偽石器として取り扱われている。ただし、これも藤村によって捏造用に選ばれたもので、その出所が問題となる。鉄分の被膜が厚く全体を覆い、剥離面や剥離の特徴などをつぶさに観察できない場合が多い。しかし、明らかに剥離痕跡をもつものもあり、人工品かどうかの検討が必要であろう。宮城県多賀城市志引ではこの鉄分を希塩酸脱鉄法などによって取り除き、もともとの面を出して観察している（多賀城市教育委員会一九八四『志引遺跡発掘調査報告書』）。

なお、藤村が捏造用に収集していた石器（藤村コレクション）には、「粗粒の安山岩製石器」は含まれていなかったようだ。これは比較的簡単にいつでも拾え、厚く全体に鉄分が付着する堆積環境にあったものである。たとえば厚く堆積して水分がよく浸透する砂質の火砕流堆積にしばしば含まれている、自然破砕礫（偽石器）かもしれない。捏造方法として藤村に聞きたい事柄の一つである。

馬場壇、志引にもあったおかしな現象

志引の発掘では、枯葉が多く混じった薄い表土を取り除くと、いきなり爪形文や無文土器、有舌尖頭器、ヘラ状石器などを含む、縄文時代草創期と考えられた遺物のまとまりが、三か所から発見された。このうちの一か所は、近世以降の遺物を含む新しい時期の溝の上にあることが判明した。

近世に埋もれた溝の上に、縄文時代草創期の遺物群が乗るということは通常、考えられない。しかも遺物は一定の範囲からまとまって出土していた。その「事実」を率直に受け入れれば、溝の脇のやや高い所にあった遺物がそのままごく最近に、地表面近くをまとまってずり落ちたと考えるしかなかった。つまり、通常では起こりにくい状況を、無理な層位的解釈をしてつじつまを合わせたことになる。

また、発掘の契機となった道路切り通し断面二か所での遺物採取場所と、発掘区は一メートルも離れていないにもかかわらず、発掘区側からは一点の遺物も発見されなかった（多賀城市・多賀城市教育委員会　一九八四『志引遺跡発掘調査報告書』多賀城市文化財調査報告書第6集）。

当時は気づかなかったが、結果的には、いずれも「捏造」現象を示していたのである。

ところが捏造発覚後、発掘主体者や私のいずれも、当初は自らが担当した発掘において、藤村は捏造をしていなかった、という見解を述べていた。

それは以下のような理由である。例えば、藤村が来なかった日に藤村以外の者が、多少なりとも石器を発見したとか、一緒にいてもほかの者が発見した場合もあるとか、専門職員がともに発掘していたからその近くで石器を埋め込むなどという行為はできるはずがないとか、藤村は発掘を指揮できる立場にはなく作為的なことができる環境になかった、等々……。

我々がいくつもあげて捏造はありえないと結論したこれらの根拠は、いずれも状況証拠でしかなかった。結果的に善意の思い込み、あるいは捏造があったとは思いたくないという願望などによる判断にすぎなかった。

四次にわたって実施した馬場壇A発掘調査では、相変わらず藤村の参加した日を中心として石器が発見された。また、予想外の層位から石器が発見されたため地層を細分したりした。三メートルほど深掘りした発掘区の最下層から出土状況不明な石器が発見されたり、話題に上った粗粒の安山岩製石器が期待通りに突然出てくるなど、不自然な状況もあった。これらの不自然さも、捏造された結果の現象であったことが、後には理解できた。

この発掘では、小型両面加工尖頭器（小形円形スクレイパー）と呼んだ石器やヘラ状石器が注目され、特にこれ以降の発掘で頻繁に発見された器種となった。いずれも「捏造検証」によって縄文時代の石器であることが判明したが、後者は旧石器時代に相当する地層から発見されていたので当時は意識的に「ヘラ状石器」と呼び、縄文時代のものと区別していた。

なお、ヘラ状石器とか石斧などと呼ぶ大型石器は、一九九〇・九一年に発掘された福島県阿武隈川流域の大平や竹ノ森、一九九三年から継続的に発掘調査された山形県袖原3でさらに目立って発見されるようになった。そしてこの特徴は、同地区のさらに下層の時期まで続く特徴として認識されていた。また、小形両面加工尖頭器は、前期旧石器時代の全般的な特徴として馬場壇A20層から中峯C下層で注目され始めた。そして、一九九二・九三年の竹ノ森下層、いずれも九三年から継続調査が開始された袖原3と宮城県上高森などで、それらは前期旧石器を特徴づける石器として普遍的に出土するようになった。

メノウ・碧玉・玉髄製の小形両面加工尖頭器と頁岩・流紋岩などのヘラ状石器を代表とする両面加工石器は、その後も北海道の総進不動坂、埼玉県秩父市の小鹿坂・長尾根などで発見され続けた。似たものが、繰り返し発見されることで、一種の普遍性と認識されるようになり、特徴的な文化現象として受認されることになったのかもしれない。

馬場壇Aの発掘報告書をまとめた一九八六年三月時点での「前・中期旧石器」は、断面抜き取りを含めてすべて合計しても約八〇〇点しかなかった。器種認定、石器組成を論じるには数量的裏づけに弱く、ましてや通常の遺跡では多量に出土する剥片、チップが少なくて、石器製作技術を論ずることも困難であった。石器の完成品ばかりが出土して全体としてまとまりに欠け、石器製作痕跡がほとんどないという不自然さは、今にして思えば「捏造」の特徴だった。

石器文化談話会が設立されて研究活動が始まった一九七五年からこの時期までの一〇年間で、藤村が捏造に用いた石器は約八〇〇個であり、遺跡からの出量としては少ない。沢山埋めることができなかったからであろう。

通常の縄文遺跡からは沢山の石器が拾える。前述したように、藤村家のガレージには多くの箱に詰められて置かれていた石器（藤村コレクション）があった。捏造用の石器を拾い集めて、ストックしておくことは難しいことではない。

4　この一〇年で考えたこと

旧石器が捏造の舞台に選ばれた理由

旧石器時代の石器は国内でほとんど前例がなく、それらと埋められた石器を対比して違いを検討する方法が取れなかった。また、埋められた石器は、隣接大陸の前・中期旧石器とも共通点があり、相違点については、大陸とは海で隔てられた日本列島との地域による違い（地域差）として納得・解釈した。

通常の旧石器時代遺跡は、石器しか出土しないし、遺構やほかの種類の遺物との複雑な組み合わせがないので、いろいろな面から総合的にクロスチェックして判断することができない。もし縄文時代の遺跡と捏造のしやすさを比べるなら、それには竪穴建物や掘立柱建物が配置され、墓穴や土器棺群からなる墓域、貯蔵穴群、もの送りのための捨て場・盛り土遺構などによって構成され、土器・石器や場合によっては骨角器・木器、編組製品・繊維製品も残っている。つまり、縄文時代の遺跡を捏造しようにも、捏造が露見しないようにするための種類・要素が多すぎて捏造工作を全体的に整えるのは大変難しいのである。遺構の一部を捏造したり、少数の遺物を埋め込んだとしても、遺跡全体に影響を与えることは少ない。このように、前・中期旧石器文化は、日本列島ではほぼ未知な文化で、石器しか人為痕跡が確認できない時代である。そして、マスコミも人びとも研究者も、最も関心を持つ日本人のルーツにかかわる時代であり、大発見にも繋がる。捏造舞台に選ばれる条件が揃ってしまったともいえよう。

一九六五年ころから大分県早水台遺跡や北関東の栃木県星野遺跡、岩宿Ｄ遺跡などの「珪岩製旧石器」などによって、芹沢長介は、約三万年を遡る前期旧石器（世界史的区分では中期と前期を一括した日本列島独自の区分）が存在すると主張してきた。これに対して旧石器考古学や地質学分野から、それらは偽石器であろうとする否定的意見が表立って論じられた。芹沢は、立証のための発掘や主に「珪岩製石器」の分析を進めることによって、立証の努力を重ねた。しかし、論争は一九七五年ころから有効な証拠・論拠も見つからないまま、膠着状態となっていた。

この間の論争はすでに第一章でも述べた「前期旧石器存否論争」と呼ばれるものだった（岡村道雄　一九八九「日本の前期旧石器存否論争」『考古学論叢』纂修堂）。この状況は、捏造が始まる前段階の陰うつな状況であった。最古の石器文化を探究する大きな研究テーマにとって、「前期旧石器存否論争」の呪縛は、大きく覆いかぶさっていた学史的な背景であった。

そこへ、座散乱木などから明らかに人工品である石器が、三万年以上前の安定した地層からつぎつぎと登場したのである。私が最も出てきてほしかった石器、日本考古学会が期待していた石器が発見されたため、安直に受け入れてしまった。

なぜ不自然さを追及しなかったか

日本列島での人類の登場について、一万年以上前の旧石器時代に相当する更新世の日本列島は、火山活動が活発であり、「火山灰が降りしきる灰色の死の世界には人類は生存していなかった」とか、「アジア大陸の東端にある列島に古くから人類が生活しているはずはない」と古くから考えられてきた。そのため、関東ローム層などの赤土の中から旧石器は発見されるはずはないとされ、発掘が赤土に達すると発掘は終了し、石器を捜すために赤土断面を見ることもなかった。

一九四六年に群馬県岩宿の道路切り通しの赤土断面から、相沢忠洋が旧石器を発見したことはそれまでの考古学の常識をくつがえした。日本列島における旧石器時代の存在は、学界の定説に縛られず、偏見をもたなかった民間の相沢が「岩宿の発見」で果たしたのである。

「前期旧石器存否論争」の呪縛を乗り越えて、既成の研究成果がない未知の分野で新しい研究を進めるためには、偏見を排除しながら、新たに発見された事実を事実として率直に受け入れる必要がある。「岩宿の発見」はそのことを我々に教えてくれたと思っていたし、研究の上での大事な教訓としてきた。今にしてみれば、不自然であり、矛盾をきたしており、常識を超えた発見などであっても、「事実」はありのままに受け入れようとしたことが、逆に捏造を見逃してしまうことにつながってしまったともいえる。

〝大発見〟ムードにかき消された少数意見

座散乱木で「中期旧石器」が確認され、山田上ノ台、中峯C、北前、志引など仙台より北の宮城県で一三か所の「前・中期旧石器」が発掘されるなどして学界や世間がにわかに注目したところ、これらの遺跡・石器に対する疑問、不自然さが批判的に提示された。東京都教育委員会の小田静夫と上智大学講師だったC・T・キーリーが、一九八五年に『人類学雑誌』に「宮城県の旧石器及び「前期旧石器」時代研究批判（英文）」と題する論文を発表したのである。

成果に沸く考古学界では取り上げてくれないだろうから人類学界の雑誌に投稿し、しかも英文で書いたと聞く。両氏は、一九六五年ころから一〇年以上にわたって、東京の武蔵野台地で関東ローム（火山灰土層）から旧石器を次々に発掘し、約三万年から一万年前の旧石器編年研究において目覚しい業績を上げていた。そして、約三万年以上前に遡る関東ロームの基底部より古い層には、いくら探りを入れても人類の生活痕跡はなかったこともあって、三万年以上前の人類文化の存在そのものに強い否定的な立場をとっていた。

両氏は、宮城県の「旧石器時代遺跡」では、全国の旧石器遺跡の状況と違って、石器がほぼ水平に並んで出土すること、遺跡内で石器作りをしたことを示すチップ（小さな石屑）や石器の接合資料が極めて少ないこと、この地域だけに頻繁に集中して旧石器が発見されること、などを疑問視した。また、遺跡間の地層の対比が不十分で年代測定値のなかでも古くて都合のよい値を恣意的に採用している、自然に破砕した偽石器も含まれている、関東の石器編年と対比して見ると中期まで古く遡る根拠はない、座散乱木の二万年前という石器群には縄文時代の石錐と思われるものが含まれている、などを理由に、年代を古く位置づけ過ぎであるとも批判した。

後者の「中期旧石器」についての年代的な批判は、中期旧石器以前の文化を否定する立場での発言である。しかし、前者の不自然さは、今にしてみれば捏造による現象を指摘したもので、正しい指摘であった。

当然、私たちは指摘についての説明を考えた。石器が「水平に並ぶ」のは、本来石器は当時の地表面で使われ、残されるのだから、地表面が撹乱されることもなく良好に保存され、短期のうちに次の堆積層に覆われれば、そのまま安定して残ると考えた。

その地表面からは、ササのプラントオパール（植物に含まれる硬い細胞で植物が枯れてなくなってしまっても土中に長年残り、そこに生えていた植物の種類や量が推定できる）が多量に検出されていた。地表面に密植したササが石器を覆うように堆積したことで、石器を移動させなかったのだろうとする研究者の解釈（論文）もあったので、水平に並んで出土したことがさほど不自然だとは思わなかった。

ほとんどまだ使える状態の完成した石器が多く残され、石屑や石器の接合が見られないという点については、古人類はより移動性が高く、キャンプ地では石器作りを行わず、少数の完成した石器を携えて短期に小さな石器集中地点を残し、立ち去ったのだろうと解釈できた。

藤村も、このような批判を我々が問題にしていたことを知っていたはずである。その上で石器接合の例を追加して埋め込み、遺跡間の石器接合の捏造などを行ったと考えられる。また一九八七年春には両氏のお膝元、東京の多摩ニュータウン地内で、約五万年前の軽石層を挟んだ上下から石器を発掘し、批判に答える結果となった。

いずれにせよ、両氏の正鵠を得た指摘があったにもかかわらず、石器が出てきたという「事実」をそのまま受け止め、研究を出発してしまった。謙虚に受け止め、吟味、検討、議論することが必要だった。

発覚直前の段階では、フランスのパリ第六大学で本場ヨーロッパの旧石器を学んだ竹岡俊樹が、日本の前・中期旧石器は本場のものに比べて型式学的に疑問が多いと述べていた（竹岡俊樹一九九八「「前期旧石器」とはどのような石器群か」『旧石器考古学56』旧石器文化談話会）。

小田や竹岡らの指摘は重要でかつ勇気あるものであったが、直接的に考古学界が捏造・偽装を見破るような展開につながらなかったことが残念でならない。

結果として、大多数の研究者が「成果」を支持したから、長年捏造は発覚しなかったともいえよう。

科学分析はなぜ捏造を見抜けなかった？

地層のある場所から石器がほぼ水平に並んで発見されると、本来そこに旧地表面、つまり層理面（ある堆積層の上面）があったことになる。宮城県北西部の「旧石器時代遺跡（藤村関与）」では、このような理論通りに安定して堆積した堆積層の上面から石器が「発見」された。そして、そこからは、かつて地表面だった時に生育した動植物に由来する炭素や窒素が多く検出され、プラントオパール、花粉などが検出されたので、植物が生えていたことが推定された。地表面には、風雨や日射、乾燥などによる風化によって粒子の細かい粘性の強い粘土（鉱物）が生成されていた。

このような所見、各種自然科学分析の結果は、地質学・考古学的な所見とも大きな矛盾はないと思われた。また地形・地質、テフラ編年の調査によって地層のおよその年代はあらかじめ判明し、後に発掘して石器が出た地層の理科学的な年代は、発掘後の測定によって明らかになった。その年代は、石器の型式、特徴と明らかに矛盾するような例はなかった。

なお、前述したように理科学的な年代測定法には、フィッショントラック法、熱ルミネッセンス法、堆積残留磁気法などがあり、これらはそれぞれ相互に年代測定原理も方法も違う独立した方法である。それらの測定結果も、矛盾なく整合して得られていた。

旧地表面（層理面）の認定や堆積層の年代測定のおおよその一致は、妥当であり、要は藤村が事前に埋めるべき地層に関する予備知識・情報を我々の会話などから得て、あまりボロを出さずに捏造することができたと考えられる。またボロを出していても、われわれは、なんとかつじつまを合わせる解釈をしたことになる。

例えば馬場壇Aでは、石器およびその周辺はもちろん石器集中出土地点の範囲に一致して、「動物由来の残留脂肪酸」が検出され、その範囲外には、当時の植生を反映した「植物由来の脂肪酸」のみが分布するという分析結果が報告されていた。

集中地点の中央には石器の出土が希薄な空白部があり、その周辺からは少数ながら焼けた石器が発見された。さらに、石器集中地点一帯について、地表面が熱を受けると変化する熱残留磁気の強さなどを測定したところ、石器集中地点中央の石器空白部が受熱していたと推定されていた。つまり、分析資料も異なり、原理や分析過程も違う独立した三つの方法によって得られた結果を突き合わせると、一致して石器集中の中央部に火処があったらしいという結論が出た（東北歴史資料館・石器文化談話会　一九八六『馬場壇A遺跡Ⅰ』）。

このような分析結果と解釈は整合的であり、当初私は、これらを一論拠として、捏造疑惑を否定する立場にたった（二〇〇一毎日シンポ）。しかし捏造が行われたという事実からひるがえってみると、方法的問題、解釈の間違いや行き過ぎがあったことになる。

私たちは、自然科学分野との共同研究を進めるにあたっては、その方法を理解し、分析結果を評価し、考古学的成果やほかの自然科学分野とクロスチェックして総合化してきた。この過程でも、不自然で整合しない事実はほとんどなかった。最も不自然だったとして、その後、よく引き合いに出されることに、「中期旧石器」が出土した座散乱木の最下層は「火砕流らしい」ので、「旧石器が出土するというが、問題がある」という指摘があった（町田洋　二〇〇三「③「座散乱木遺跡」における「捏造遺物」が挿入された地層の研究史」『前・中期旧石器問題の検証』日本考古学協会）。

結果的には、指摘が正しかったといえる。しかし、当時、地形・地質・テフラ・土壌の専門家と共に発掘現場とその周辺を踏査して議論した結果は、以下の通りであった。

座散乱木周辺では、火砕流堆積の特徴であるガスが上方に抜けた穴（パイプ構造が）が石器包含層の下位で止まっていること、つまり火砕流堆積の上部が再堆積、土壌化していたらしいこと、この地域一帯の地形を観察・分析すると座散乱木などは低所にあり本来の火砕流が再堆積して地表ができていた可能性があること、石器が出ていること、などによって石器が出土した地層は、火砕流堆積物そのものではない、つまり石器が出てきてもおかしくないという共通見解が得られた。

要は、自然科学的所見が、石器が出土したという「事実」を覆すほどの根拠にはならなかったことになる。

ではなぜ、いつ石器が出てきてもおかしくないような特定の場所を選んで、藤村は埋め込むことができたのだろうかという疑問を誰しもが持つであろうと思う。実は私自身も、捏造の発覚当初はそう考え、例えば当時の科学分析手法を徹底的に使って調査したこの馬場壇Aなどについては捏造などありえないとすら思っていたほどである。

　地層の古さは、先に説明したフィッション・トラック法や熱ルミネッセンス法といった科学的な年代分析法を使い、クロスチェックしてみてはじめて何万年前ということが分かる。それを事前に予測して、矛盾が生じないように特定の地層に石器を人為的に埋め込むなどということは人間業では不可能だと思った。

　それに地層というのは、目で見た色だけで識別できない場合も多い。馬場壇Aでは、藤村が掘り出した石器は、火山灰が降る直前の地表面に位置していたことが後の分析で明らかになった。藤村に超人的な視覚があるなら別だが、当時の地表面を目視で確認することなどできるはずがないとも思っていた。

　だが、今から考えてみれば簡単なトリックであったのだろう。我々は発掘現場や宿舎などでその日の成果や今後の見込みなどについて絶えず議論し合っていた。地層断面をみんなで眺めながら「この辺りが火山灰土層の境目（旧地表面）だろう」とか「もし石器が出てくるとしたらこの辺じゃないか」という会話も交わす。こうした専門的な評価・解釈・議論の場に藤村が直接参加していた記憶はないが、近くで耳をそばだてていたのだろう。そうすれば、どんなタイプの石器をどこに埋め込めば矛盾しないか、彼なりに見極めることができたのだと思う。現に、藤村が書いた「旧石器のみつけ方」（『ここまでわかった日本の先史時代』角川書店　一九九七）では、「遺跡のある場所の判断がつくようにな」り、「私が発見した遺跡については」、「遺跡内のどの地点」のどの「層位からどのような石器が出土するか」を「把握している」と述べている。

残念ながら当時は、そこに思いが至らなかった。繰り返しになって恐縮だが、藤村には学究意欲がなく、専門的な知識もないと思い込んでいた。我々の専門的な会話から情報を得て捏造をしていたなどとは考えもよらなかったのである。

藤村の暴走を後押しした考古学ブーム

旧石器遺跡の捏造が始まった一九七四年ころには、埋蔵文化財の保護体制の整備が本格的に始まっていた。遺跡で開発が計画されて、開発が避けられない場合は、開発工事の前に少なくとも遺跡を発掘して記録だけでも残す「記録保存」が行政的な努力によって徹底するようになった。頻発する開発に伴って、緊急調査（記録保存発掘）が急増していった。全国で行われた緊急発掘調査は一九九六年に一万二〇〇〇件を超え、発掘調査にかかる費用は翌九七年に一三〇〇億円を超え、発掘に携わる専門の職員は九九年に七〇〇〇人に達し、それぞれピークを迎えた。

一方、大学や研究機関などが行う学術目的の発掘調査（学術発掘）は、毎年一〇〇から二〇〇件程度で推移した。後には、三〇〇から四〇〇件に増えたが、いずれにしても全発掘調査の一割にも満たない低率であった。

発掘量と費用、職員数などがピークに達した後は、急激な減少に転じた。「遺跡の捏造」は、発掘量の増加と呼応するように多くなり全国の発掘量がピークを迎えた三、四年後に発覚し、まるで考古学隆盛のバブルが弾けるように、「捏造」も終止符が打たれた。

この間、一九八八〜二〇〇〇年ごろの考古学ブーム最盛期には、全国的に目覚しい発掘成果が上がり、多くの重要な遺物も出土した。新発見や歴史の書き換えが進み、ニュースや出版に取り上げられて、広く国民、地域住民の関心を呼んだ。

ただし、発掘調査による膨大な成果や遺物、情報の氾濫は、急増する発掘調査に追いまくられたこともあり、じっくり発掘データを観察分析する余裕もなくした。ほかの遺跡やデータとの比較、総合的な分析など、十分な考察ができないまま、記録保存の名の下に表面的に捉えた単なる遺跡・遺物の記録を行政的な成果として残すことしかできない状況となる場合もあり、膨大な生データが蓄積されていく傾向となった（岡村道雄　二〇〇七「遺跡の保護と日本の考古学」『現代の考古学1　現代社会の考古学』朝倉書店）。

成果の効果的な普及、マスコミ・出版界などの期待もあって、わかりやすい、珍しいビジュアルな発見、新しい発見がややもすると偏重されることとなった。発掘成果のハイライトを切り剥ぎしてつなぐ、「紙芝居」のようなのりとはさみの考古学出版物がはやった。私もこの傾向に安易に便乗し、助長したと反省している。

学問の王道として、多くの発掘資料をもとに、方法論を磨いて、学史を踏まえ、資料の普遍性と特殊性を抽出し、歴史として立論・論証するという、時間と労力、能力を要する研究過程が、少し疎かになっていたのかもしれない。情報が氾濫し、新発見・大発見や面白い論考、奇抜な説がもてはやされるバブル的な考古学の隆盛が続いた。私も学界もこの傾向に迎合していたように思う。

このようなブームに乗った学界の風潮、マスコミの期待感、安直で即席に結果を求める風潮などは、藤村がより周囲の人を喜ばせ、自己顕示もできる情況を醸成し、ひいては捏造に拍車をかけたことは否めない。

「捏造」は、石器文化談話会、東北歴史資料館、大学、東北旧石器文化研究所などが実施した学術目的の発掘現場で行われることが多かった。時に行われた緊急発掘現場での「捏造」も、緊急発掘中に突然「旧石器」が見つかり、応急的に学術的色彩を色濃くして実施された発掘調査であった。

つまり、緊急発掘が目覚しい成果をあげ、「バブル考古学」というような風潮を醸成していたといわれる。そして、そのことが捏造事件の背景にあったとも指摘されている。しかし、緊急発掘調査が、直ちに「捏造」の背景になる風潮を生んだという因果関係はないと思う。逆に多くの捏造発掘現場は、学術発掘調査であったのだから、時間をかけてゆっくり発掘・研究できる場であったはずである。

過熱マスコミ報道の功罪

調査・研究した成果の発表は、まず事実が十分に吟味・検討され、証拠立てられていなければならない。さらに、その解釈、意義づけ、評価についても、論理的であって客観的でなければならない。

しかし、このような過程を十分に経ないままに、マスコミに取り上げられ、評価され、価値づけられる現状がある。そして、マスコミに取り上げられ、コメントしたり、テレビ出演した回数が、業績のように語られる。かつてはマスコミなどに登場すると、地道で堅実な研究・研究者として評価されなくなると敬遠したものだったが。

このようにして、個人あるいは組織の業績が評価されるようになると、自己顕示のためにも、ますますマスコミに取り上げられるように努めることになりやすい。

また内容を過大評価し、アピールするだけでなく、発表方法、場所なども、できるだけ発表を権威づけるために、できるだけ上位の行政の場で行政内の権威者を伴って発表するようになる。また記事を大きくし、地方版より全国版、さらに全国版の一面掲載を果たそうとする。そして、最大限の評価を引き出すために、学界内や周囲の研究者との協議や検討を経ないままに、一社に独占させて掲載させたり、情報を支局が取り扱ったのでは小さい記事にしかならない傾向にあるので、県政記者クラブ、さらには中央の本社に情報を提供することもあるようだ。

一方、一部のマスコミは、情報の吟味能力に欠け、提供された情報をそのまま報道することになることもあるようだ。また一歩先駆けて一社が記事にすると、後を追って掲載しなければならなくなり、よほどの否定材料、異論などがなければ、掲載を見送ることはできない場合もあるという。勢い、成果を増幅・強調して後追いの記事を掲載することにもなるだろう。

またマスコミ側も、商業誌として読者の反応を気づかい、購読数の拡大のため、ニュース性を重んじ、単純でわかりやすい価値づけなどをしがちになるようだ。例えばよくいわれるように最古、最大、最初という評価だけで報道することとなる。

反面、事実を積み上げ、普遍性・法則性を見出し、論理を構築した学問成果は、高度で複雑で難解な論証過程を持つことが多い。また往々にして、学問成果は、一般的には当たり前に予想される普遍性が、科学的・実証的に証明された結果である場合が多い。

つまり学問は、当たり前に見えることを、資料を収集して論証する。したがって、定説を覆したり、歴史観を変えたりするニュースとは質的に異なるものが、学問的に重要な成果であることも多い。このような成果は、ニュースになりにくいので残念ながらマスコミは取り上げてくれない。

一方で、ニュースの信頼性、信憑性を担保するために、不確定要素や異論がある成果は取り上げにくい。ニュースとして取り上げる以上は、ニュース性に合致した意見やコメントを求め、適当な部分のみを取り上げて記事にすることとすらある。

このような経緯があったとしても、結果的にはマスコミに取り上げられると世論の動向を左右し、社会的な風潮を生み、評価や権威づけにつながることとなる。

このような状況、関係性の下で、マスコミと研究との利害関係が一致する場合は、もたれ合い、馴れ合いを生みやすい。不確実な部分があっても触れず、取り上げずに、都合のよい面をできるだけ大きく派手に取り上げ、面白くわかりやすいようにネタ作りしがちになる。また応々にして既発見や先行研究、類例には触れずに、ニュースとして取り扱う場合もあるようだ。

このような馴れ合いは、結果的に成果の検証・吟味や論証が甘くなり、成果を評価して権威づけ、マスコミのニーズに沿った成果や研究の方向性さえ生むことになっているのかもしれない。遺跡捏造の背景のひとつにも、このような傾向があって、捏造が長年続いてきたように思われる。

欠けていたタフォノミーの精神

考古資料は、まずその出土層位・位置などと、検出・出土状況を確認しなければならない。出土状況の確認とは、出土物が本来の位置を動いていないか、そこでどのように保存（保存環境・

保存状況）され、どんな過程を経て今まで残ってきたか、などについて観察・検討することである。そしてこれを正確に写真・図面や記述によって記録する。現象を記録することは際限がないが、記録する目的と意義に応じ、また時間と経費などを勘案した優先順位に応じ、過不足なく記録する必要がある。

次に出土した遺物を観察・分析、記録する。遺物の持っている形や製作痕跡、使用痕跡などの属性（そのものが持っている有意な本質的特徴）について、定量的・定性的に分析する。それによって時期や地域的特徴、どのように作られたかなどの技術的特徴、何に対してどのように使われたかなどの機能・用途にかかわること、集団表象、祭祀的意味、はやり・好みなどの文化的特徴を抽出する。

これらの属性分析を踏まえて考察、立論し、解釈を進める、といった研究の進め方（方法論）と、これを進めるに当たっての研究姿勢、研究者倫理などが問われる。

この一連の過程、特に初期の遺物の出土状況の確認、なかでもそこにどのように保存されどんな過程を経て残れたか（化石などについて、このような過程・プロセスを研究する分野をタフォノミー〈Taphonomy〉という）について、観察、注意が不足していた。出てきたという事実を安易に鵜呑みにしてしまった。正しい事実、真実を判別し、それを基に研究を進めて、研究の意義・使命を果たすという責任感が欠如していた。

さらには、この研究「成果」、情報を安易に発表した。また、まだ確定していない事実、十分な議論や検討を経ていない未確定な事実を、熱心な報道に対して競って情報提供した。わかりやすいだけでなく、やや過剰な解釈や歴史的意義づけをし、見込みなどを含めてコメントした。結果的にマスコミが先行して、発掘結果や研究を評価し、権威づけることになった。マスコミに名前が登場することが、研究業績であるかのように錯覚した面もあったのかもしれない。

確かな研究を進める意識より、早く安直に業績を上げるという安易さ、ほかの研究者との競争心、名誉欲、虚栄心などが深層にあったのであろう。

5　藤村との再会

疑問だらけの「藤村告白メモ」

藤村は捏造発覚後、医師の診断により、「身心のバランスを崩すある病気」といわれ、医師の診断書もあるという。前・中期旧石器問題調査研究特別委員会（以下、特別委員会）委員長らとの面接の際も極度の緊張のためか、簡単な質問にも対応できない状態にもなった、という。その

戸沢充則先生

2001.9.26 受理

2001.9.26

戸沢充則

藤村新一

2．上高森遺跡について

お応え致します。

＊上高森遺跡第１次～第６次まで調査が実施されています。

第１次調査・第２次調査のＡ地点の石器群は全て（私[redacted]）で捏造を行いました。

(B地点)

＊第２次調査の石器埋納遺構１号、そして、第16層上面・第18層上面から発見された石器および第３次調査の石器埋納遺構２号、石器埋納遺構３号、そして第９層上面・第16層上面の石器は全て捏造は行っておりません。第４次調査・第５次調査・第６次調査については全て捏造であり（私[redacted]）とで行いました。責任は全て私にあります。

5．高森遺跡について

お応え致します。

第１次調査では、今、高森遺跡Ｏ地点といわれていますが、これも私（本人[redacted]）と一緒にあの３点の石器を捏造しました。責任は全て私です。ほかのＡ地点については捏造はありません。第２～４次まで宮城県東北史料館がやりましたが捏造はないとおもいます。

6．馬場壇Ａ遺跡

お応え致します。

第２０層上面、第３２層上面、第３３層上面の石器に関しては、全て捏造したような感じがするのですが、それが思いだせません。早朝、[redacted]。その間ことは、何があったかわからないのです。

捏造は本人[redacted]によって行われましたが、[redacted]全ての責任は私になるわけです。

第１次調査から第４次調査に勢力的にさんかんに参加していました。

調査は第１次から第６次まで調査が実施されています。

その他の第６層上面、第７上面、第１０層上面、第１９層上面の石器にっていは第１次（石器文化談話会）・第２次調査（東北歴史料館）出土したもので捏造はしていません。

図 27 「特別委」委員長に宛てた「藤村告白メモ」

７．座散乱木遺跡

お応え致します。

[redacted]。1981年の秋、座散乱木遺跡第３次調査についてのことである。本人（私）は発掘調査に仕事の関係上平日には行けずに調査が終了に近い土曜日と日曜日に発掘に参加している。月、火曜日に宿舎に電話をしたが、まだ何も発見（出土）していないことが分かった。[redacted]。当日の土曜日がやってきた。[redacted]私（本人）が座散乱木遺跡周辺で採集した石器を私のザックに詰め込められた。土曜日は半どんであったのでそのまま会社を出かけた。その石器を昼休み中に、皆が休憩中にすばやく埋めた（捏造）をしてしまった。昼休が終わると発掘調査が開始された。第13層上面から、まちにまった待望の石器が調査員達によって発見されたわけである。調査員達は歓声を挙げて喜び合った。[redacted]

石器は全部で４９点発見されていますが、その内、本当に捏造されたのは何点であるか分かりません。たった５～６分位いでいくつ埋ることができるでしょうか。

４９点の中には、捏造されなかった石器もあるのではないかと私[redacted]の[redacted]。５～６分では、４９点を全部埋ることなどできないとおもいます。埋たのがわかるようでは捏造したことが分かってしまうしわからないように埋るのは無理だとおもいます。私のいない日も石器は発見されていたということからも全部捏造されたものではと私はおもいます。

また、その翌日には、第１５層上面から石器１４点が新たに発見された。
これは捏造したものではない。また、約２０数点余の石器が断面採取されているが
これも捏造ではなく、仲間たちによって発見されているからです。

[redacted]。
石器の捏造は私（本人）[redacted]
[redacted]責任は本体の私（本人）にある。

8．以上、貴方と仲間たちが２０数年間一緒に踏査、発掘してきた主な遺跡のうち、学会や社会が特に注目し、再発掘が必要性が指摘されているについておたずねしました。この他に、捏造の覚えがあったら真実を答えてください。

覚えていません。。

9．先日頂いた貴方のメモに１９９９．２０００年のいくつかの遺跡に関する詳細な報告をうけました。ほんに同年に調査された上高森遺跡第５次・第６次調査での捏造が明確でないもの、[redacted] 中島山遺跡第２次調査、[redacted]について、さらに詳しく事実を教えてください。

お応え致します。

＊上高森遺跡第５次調査は全部私 [redacted] とで捏造してしまった。
＊上高森遺跡第６次調査は全部私 [redacted] とで捏造してしまった。
[redacted]全ての責任は私にある。
しかし、新たに発見された遺構群は捏造したものではないことを付け加えたい。
＊中島山遺跡第２次調査は全部私 [redacted] とで捏造してしまった。
[redacted]全ての責任は私にある。

10．最後に、貴兄が自信を持って捏造が一切なかった遺跡があったら、遺跡の名前を教えてください。貴兄にかかわってきた我々は、今は許されなくともいつの日か、わらをもつかむ思い出、そのような遺跡の再調査・検証も実施したいのです。

お応え致します。

まだ、試掘調査でありますが、宮城県岩出山町宮城平Ａ－１（中期旧石器時代終末から後期旧石器時代初等）の遺跡をおすすめ致します。

以上

ため、彼の人権・人格を守る人道上の立場が要請された（戸沢充則　二〇〇一「（4）・「旧石器問題」の検証はどこまで進んだか」『日本考古学協会　会報No.144』日本考古学協会）。そして彼が二〇〇一年九月二十六日付で、委員長宛てに提出したA4用紙三枚にわたる「捏造告白メモ」についても、個人のプライバシーにかかわるという理由で回答部分八七行中四八行の全部あるいは一部が、委員長判断で黒く塗りつぶされた。

藤村は対外的に発言する機会があるたびに、「学界や社会、それに一緒に仕事をしてきた仲間たちに、自ら起こしたことの責任を詫び、（再検証）調査に協力したい」と述べていたという。そうであるならば、二〇〇三年七月に退院して通常の生活を送っていると本人がいう現在では、真実を説明する責任があるはずである。一〇年ほど一緒に踏査や発掘を共にした私たちに、捏造の方法と、現在も「石器」を埋め残している遺跡、捏造時の思いなどについて教えてほしい。以下のような未解明な問題は、捏造の具体的方法や事件の本質などを理解するうえでも重要だと考え、藤村再会時に以下のようなメモを用意した。

どうしても本人に確かめたかったこと

○捏造用の遺物はどこからもってきたか。

これまで報告された石器や藤村コレクションのなかには、私たちの見たところでは少なからず後期旧石器時代の石刃やナイフ形石器、切り出し形ナイフ形石器が含まれている。それらを採集した確かな後期旧石器時代の遺跡が確認できれば、それだけでも大発見です。それらの遺跡を教えてください。

○後期旧石器の遺跡間接合

あなたは、薬莱原№15遺跡で拾ったナイフ形石器や石刃、石屑などを周辺の四か所の地点に分散させ、その後に表採しましたね。あるいは、そこで拾った石器を周辺の四か所からも拾ったと口頭で説明したのですか。結果として、これら遺跡から表採した石器が接合され、遺跡間接合という大発見となりました。このような推定は間違いないですね。

○捏造用の多量な縄文時代石器

捏造用には多量の縄文時代石器を使いましたね。特に縄文時代後・晩期の石器を多く使ったように思いますが、それらが多量に表採される大規模な遺跡が、かつて住んでいた所の近くにありますね。

○初期の「捏造」シナリオは？

座散乱木や山田上ノ台の下層での捏造は、私の『考古学研究』の論文や芹沢教授の『最古の狩人』などをシナリオにし、それらに掲載されていた石器の特徴を見て似た石器を埋めましたね。

○「粗粒の安山岩製石器」の採集場所

「粗粒の安山岩製石器」は、「特別委員会」などで偽石器であると判定していますが、これらをどこから採集してきたのですか。私は、火砕流の中から見つけてきたものかもしれないと思っていますが、どうですか。

○捏造用石器の加工・処理

捏造用の石器を焼いたりドブに浸けたりして古色を着けたようですが、どうですか。例えば、割り箸で挟んで焼いたと思われる総進不動坂の石器や、しばしば熱を受けた特徴が見られる石器もありますが、どうですか。

○捏造遺跡に埋め残した石器

再検証発掘で、埋め残しの石器が結構な数発見されていますが、ほかにも捏造遺跡に埋め残したままの石器はありませんか。例えば、二〇〇一年九月に告白した「捏造遺跡」のリスト中、私たちの知らない「遺跡」名が数か所あります。まだ知られていない捏造遺跡がありそうですね。

また一九九八年に約三〇キロメートル離れた袖原3と中島山出土の石器が接合して、天文学的確率だと驚かれました。そして皆が後から知ったわけですが、あなたは翌年正月元旦の大崎タイムス（地元、宮城県北西部大崎地方の日刊新聞）に、もう一点接合する部分の石器が両遺跡を結ぶ「薬莱山の周辺から見つかる」と予言していますが、どこに埋めたのですか。

○捏造のタイミング

通常、車で遺跡まで行ける場合は、早朝に、そして車が使えない秩父などでは昼休みに、発掘区に石器を埋め込みましたね。また雨の日も石器を埋めて、晴れた翌日の発掘開始後に発見していましたね。

○「遺構」の捏造

最初の座散乱木発掘から、遺構が時々発見されましたね。上高森や秩父では「石器埋納遺構」、「建物跡」なども発見され、原人の進んだ祭祀的な精神生活を窺わせると評価されました。それらの遺構もあなたが作ったものですか。それとも地層を誤認して、ほかの者が掘ったのですか。

○捏造していない遺跡の有無
特別委員長らに渡したメモに、宮城平A―1は捏造していないお奨めの遺跡ですと記していますね。しかし、この遺跡でも抜き取り石器にガジリ・黒土などが付着している確率は二八パーセントもあり、ほかの捏造遺跡での確率とあまり変わりません。この遺跡も捏造しましたね。

○捏造の動機・理由
「大成果」に皆が驚き、喜びました。皆を驚かせようと思い、喜ぶ顔が見たかったのでしょう。また、あなたは新聞やテレビなどにも取り上げられ、皆に認められ、両親や家族にも自慢できて誇らしく、愉快だったでしょう。

以上のようなことを本人に会って直接問いただそうと決意した。このことは今なお未解明な問題でもある。また捏造発覚後はどのように暮らしていたか、今はどんな気持ちでいるかを尋ねたかった。一方で会うのが恐かった。しかし、かねがね悔恨の気持ちや懺悔を口にしていたというので、直接対面して話を聞かなければならないと決意した。

「神の手」を自ら切り落としていた藤村

現在の藤村は再婚して姓を変えて働き、落ち着いた生活を送っているという情報を得た。私は意を決して、二〇〇九年の十二月某日、東京駅で新幹線に乗り込んだ。

車内で地図を広げ、彼の家の所在地を確認した。彼の住む町に近い駅に電車が近づくにつれ、これまでのさまざまな思いが去来して胸の鼓動が早くなるのが判った。冬の陽は、落ちるのが早い。駅に降り立った時にはすでに夕闇が迫っていた。

街並みを少し見て廻り、どこかゆっくり話ができそうな店を当たってみた。藤村のことで困惑しているのか、自分の足音だけがやけに大きく感じられた。一〇分ほど歩き、店の見当をつけた。

少し震える手で、彼の職場に電話をした。年配の女性が丁寧に応対してくれ、今日は仕事先から直接家へ帰ったと教えてくれた。それから、四〇分ほどして今度は自宅へ電話した。「岡村です」と名乗ったが、一〇年ほど会っていなかったためか、すぐには返事がなかった。少し間をおいて、藤村は「会いたかった。直接謝りたい」と言った。そして謝りたいので、会ってもいいという。事件発生以来、初めての邂逅である。

待ち合わせ場所は、先ほど降り立った駅の改札口にした。行ってみると、彼は私への土産を入れた紙袋を持って、エンジ色のジャンバー姿で座っていた。少々太って、白くなった髪を短く刈り、好々爺のような風貌だった。対面した彼は開口一番「申し訳なかった」「会えてよかった」といい、テーブルに手をついて頭を下げた。以下は藤村が語った身の上話である。

　発覚後、宮城県内の寺院の僧坊で過ごし、仙台のクリニックで診てもらった。そのクリニックのつてで、その年のうちに現在住む町にある病院に入院したという。そこで知り合った女性と再婚し、六年前（二〇〇三年七月）に退院し、幸せに暮らしているという。自ら病名は「解離性同一性障害」だという。月一回診察を受け、薬をもらって毎日一錠飲んでいるといった。右手の指がないのに気づいてどうしたのかと聞くと、入院中に裏山でナタを三〇回叩きつけて切ったと話した。その時の様子や、手拭とタオルを巻いて病院に帰り、部分麻酔で処置された状況・経緯を説明した。その表現は生々しく、仔細であった。右手が二度と悪さをしないようにと、皆への贖罪を込め、忘れないようにするためにやったとその理由を話した。ただし、入院を延長するための手段だろうとする地元の噂もある。

　前述のように、藤村は二〇〇三年七月末に退院して通常の生活を始めた。そして、その翌年一月までに計四回、五時間にわたって毎日新聞の取材班のインタビューに応じた。その問答を検討した大学教授の精神病理学者は、次のように分析している（毎日新聞取材班二〇〇四・一・二十六）。俗に人格が入れ替わる病気があることを知って、自己に都合のよい物語を作ったのだろう。自分の作り話を信じきっている可能性が高く、そういう能力を「空想的虚言症」といい、顕示性の強い人にありがちだと述べている。

「覚えていない」の一点張り

目の前の藤村は、発掘を共にした頃と変わらぬ朴訥な雰囲気のままだった。家族のこと、どんな暮らしをしているのか、尋ねればポツリポツリと語った。当時の発掘仲間のことも憶えていて、「あの人とは昔、お酒を飲んだことがあったなあ」などと、記憶を辿るように話した。特に発掘で長く関わった鎌田のことを話題に出すと、思いついたように「最近、鎌田さんが夢の中に出てきて、石器を早く出せ、石器を早く出せと言われる夢で目を覚ますことがたびたびある」と言った。

雑談で杯を重ねながら、頃合いを見計らって私は「ところで本題に入るけど」と切り出した。「座散乱木のことだけど」と続けて、『座散乱木遺跡発掘調査報告書Ⅲ』の冊子を取り出して巻頭カラー写真を見せた。すると藤村は「ウーン」と言って考え込む仕草をし、「分からん。覚えてない」と小さくつぶやくだけで、話はすぐに途切れてしまった。座散乱木という名前さえ、記憶がないと話したことには、正直驚いた。

再び雑談に切り替えて、捏造が発覚したときのことに話題を移した。毎日新聞にスクープ記事が載る前日に、藤村はホテルの一室で毎日新聞の記者達に囲まれ、自分が石器を埋め込んでいるビデオ映像を見せられていた。藤村はこの時のことを「まるで他人が出ている映画を見せられている感じがした」と、思い出したように語った。事件の後も、マスコミから取材の依頼が何度もあったという。なぜ取材に応じないのかと聞くと、「何千万円積まれたって嫌だよ」と答えた。とりとめのない会話の中で、何度も本題である捏造のことについて話題を振った。「埋めた石だけど、あれはどこから持ってきたの？」「（石は）近くにあったんだよね？」「芹沢先生や僕らを喜ばせようとしたの？」……。

いずれの問いにも、藤村は「ウーン」とうなって考え込み、答えは「分からん」「覚えてないなあ」の二言だった。捏造に具体的に関わる話になると、ほとんど記憶を喪失したとも話した。芹沢の名前は憶えていて「大変お世話になった。例えば――」と言いかけ、それが何であったかを思い出そうとしたが、結局頭を抱え込んでしまう、という状態だった。

話しぶりや彼の表情から、「覚えてない」と嘘を言っているようには思えなかった。医師からも精神の安定のために忘れるよう指導されてきたという。だが一方では、発覚の翌年に行われた日本考古学協会の調査特別委員長との面談のことに話が及ぶと、藤村ははっきりと「二回だけ会った」と話したりもする。

私に対して、自分がやった行為で迷惑をかけたという思いは彼の中に確かにあるようだった。二時間半に及んだ面談を終えた別れ際にも、藤村は私に「本当にごめん。すまなかった」と言った。それなのに、具体的に彼が関わった捏造遺跡名は全て「分からない」の一点張りだった。つまり、捏造以前と発覚以後の記憶はあるが、捏造をしていた最中の記憶がすっぽりと消えてしまった。そう理解せざるを得なかった。

私を批判的に見ている人たちからは、これを読んで「岡村は手ぬるい」などとお叱りを受けるかもしれない。私自身、彼のお陰で共犯者のように指弾され、針のムシロに座り続けたような一〇年間を過ごしてきた。目の前の藤村は、最低限の倫理すら踏み外し、大勢の仲間たちをどん底に叩き落とした、許せない張本人だった。

その男を前にして、不甲斐ないと笑われるかもしれないが、不思議に叱責したり、憎悪する気が起こらなかった。それは、彼が自ら切り落とした右手の指を見てしまったからかもしれない。沢山の人々に迷惑をかけ、考古学界の信用を失墜させた許されざる彼にも、地獄のような一〇年間があった……。漆黒の闇が窓を過ぎていく帰りの新幹線の中で、そう思った。

第四章　明日への考古学

自然科学との共同研究では、各分野と共に総合的・学際的な研究の方法や枠組みを作ってきたつもりである。ところが、遺跡の捏造が発覚した。発覚直後においては、それまでの方法や研究体制、努力などすべてを、証拠がないままに直ちに全て捏造だったと認めることはできないと思った。

また、多くの仲間と共に、数年（特に一九七五〜一九八六年）の長きに渡って旧石器研究を進め、さらに、地域の文化財を解明して歴史に関する理解を深め、文化財の保存活用を進めて社会に寄与しようとした理念・理想も簡単に終わらせたくなかった。

しかし、結果的には全てがクロであると判明した。捏造を見抜けずに学界や社会などに大きな打撃を与えてしまった。その原因・責任を以下のようにまとめ、反省し教訓としたい。

1. 三つの過ち

頭になかった「第一発見者を疑え」

出土状況をチェックするなどの資料批判が不徹底だったことが、捏造を見逃してきた直接原因であろう。研究の基本である疑う心、資料吟味が不十分であった。

特に真にそこから出土したかどうかという、原点についての吟味を怠った。発掘現場に携わっていた私は、まだ二〇歳代であったが、「発見された成果」が期待・予想したものだったため、批判・吟味、見る目も甘くなった。

藤村が火山灰層から抜き取ったとか表採したといって持ち込んだ石器を旧石器と認定して、評価し、意味・意義づけしていた。結果的にはどのような石器を捏造用に選べばよいかを教えてやっていたようなものであった。希望的観測で旧石器かどうかを判断してしまわないで、本当に火山灰から出た旧石器であるかどうか、石器の形態や作り方などの型式についても厳しく資料吟味するべきであった。

通常、石器が持ち込まれて、「こんなものを採集したのですが、石器でしょうか、いつのものでしょうか」と鑑定を依頼された場合は、次のような確認・吟味をして判定する。

まず、先に述べたようにどこからどのように採取したかの状況を聞く。次に石器に付着している土を観察して、本来包含されていた地層の特徴を探る。つまり、赤土が付着していれば旧石器、黒土なら縄文時代以後と認定できる。

形態や作り方の特徴を観察して、これまでに研究された結果で明らかになっている旧石器の時期や地域的な特色に照らし合わせて、時期を認定することができる場合がある。

つまり、例えば、その石器が東北地方日本海側の山形県を中心とした地域に分布する杉久保型ナイフ形石器と共通する特徴（形や製作法など）をもち、用いられた石材もその地方産の特徴をもっていれば、石器からだけでもどの地域のいつごろの石器かを特定できる。

石器は、石材の硬さや緻密さにもよるが、一般的にはより古いものほど、表面が風化して白っぽくなったり、軟らかくなって摩滅したりしている。これらの特徴を観察して、与えられた問題を解くように総合的に旧石器かどうかや年代の古さを判定する。この段階で虚偽の状況報告や、説明がなされると、誤った判断を導くことになる。

「捏造」に対する心構えがなく、想定外であったことも原因であろう。捏造事件の類例について不勉強、認識不足であった。それまでもイギリスでのピルトダウン化石人骨の捏造や、ほとんど知られていなかったが国内でも中学生が盗んだ石器を遺跡の発掘現場に埋めた事件があった。

一〇数年間、藤村の脇にいて捏造に気づかず、捏造を見破ることができなかった。つまり、共に発掘した者、発掘現場と出土品という基礎資料に関する責任を一義的に持つ者、そして発掘という実験現場の管理と運営についての責任者として、出土状況や出土「石器」を十分に観察しないままに、出土の「事実」を安直に受け入れてしまった。そして、指導・支援してくれた旧石器研究者と共に誤った「成果」を評価してしまった。

これまで本当にそこから石器が出たのかを誰も本気に疑ったことはなく、縄文遺跡などでたくさん拾える石器を遺跡でない場所に埋めるような捏造を経験したことはなかった。少し疑問をもっても、まさかと疑念を打ち消して性善説に立ってしまっていた。

悔やまれる発掘担当者としての力不足

考古学研究、特に発掘は、チームを組んで組織的に実施される。私は、「前期旧石器」を専攻にしていた、当時はごく少数の研究者であった。

そして座散乱木三次発掘が、宮城県で考古学研究の最大のテーマとなり、日本列島に中期旧石器文化が存在することを確実にするために、私が勤務していた東北歴史資料館の業務となった。あわせて、この年の企画展は『旧石器時代の東北』がメインテーマでもあった。自ずと私が発掘の企画、統括に当たり、報告書の総括も執筆することとなった。発掘現場の管理・運営だけでなく、発掘・研究の総括的なリーダーでなくてはならなかった。

しかし、いいわけがましく聞こえるかも知れないが、まだ駆け出しの若輩研究者であり、大学で助手をした二五歳の時に初めて北海道聖山遺跡（縄文時代晩期）の発掘調査を担当してから数年しかたっていなかった。

現場責任者として発掘を管理し、発掘事実の確認（複数の調査者による事実の検討）や記録の方法、発掘成果の検討・評価、成果の発表の方法や時期などについても責任を持つ必要があったにもかかわらず、力不足であり、責任感も十分ではなかった。

権威づけした重大責任

文化庁に奉職してからは、捏造発覚までの一八年間に東北旧石器文化研究所が主催する発掘現場を訪れたのは、九四年秋の上高森だけであり、ほかには福島県の原セ笠張の発掘を見に行ったことがある。もちろんいずれの遺跡でも、発掘には参加していない。

鎌田・藤村らは、「成果」を論文などに使われることを恐れて一部の研究者の接近を警戒したが、私に対しても同様であった。それでも私は、彼らの「発掘成果」を紹介普及し、文化庁主任文化財調査官の肩書きで結果的に権威づけをしてしまった。

本来、文化庁記念物課の仕事は、開発に伴う行政発掘が対象で、彼らが行ったような学術発掘は一般的に対象外であった。しかし、埋蔵文化財に対する理解と協力があってこそ、その保存活用が進むのであるから、個人的には研究者として全国の発掘成果を宣伝し普及することにも努め、旧石器や縄文文化をわかりやすく解説するようにした。

その一部として十分な吟味もしないままに、捏造遺跡の発掘成果を取り上げ、多くの方々に間違った情報を提供した。また、ごく一部ではあるが当該遺跡の発掘指導委員会に出席していたのに、指導者として捏造を見抜けなかった。ほかに、一部新聞等でのコメント、一般概説書などへの記述などによって権威づけ、宣伝普及したこととなった。

研究とは社会的貢献が期待され、公益性を持つ。そして公益性が理解されて、税金などで研究が維持される。しかし、「捏造事件」によって結果的に学問的な挫折・後退を招き、考古学に対する信頼を失い、埋蔵文化財保護行政や社会にも混乱を招いた。この社会的な責任は、甚大だった。

2. ささやかな私からの提言

①学問的記憶としての捏造事件

捏造事件の本質・構造、事実経過、原因、影響・反応、対応などについて、今後共に引き続き吟味・検討し、二度とこのような不幸な事件が起こらないようにしなければならない。

この事件は、考古学の基礎と方法から社会的な役割までを考えるうえでの典型的な事例でもある。私は事件に大きくかかわった者として、この反省を強く認識・自覚し、記憶して伝え続ける社会的責任もある。

捏造発覚から約一〇年たった現在でも、考古学界では後に述べるように、同じような問題がまた繰り返されている。具体的には、学生や埋蔵文化財担当職員などへの基礎教育の一環として、この事件を伝え、発掘者・研究者倫理を学ばなければならない。

「捏造」など研究を歪める事例を通して、基本的な方法論、成果のとりまとめと公表の仕方などについて指導する必要もあろう。この事件関係の文書、発掘日誌、図面、写真などの記録、「出土品」や「切り取り遺構」、「地層剝ぎ取り」などの資料、捏造関係の文献などを収蔵・保管し、今後とも検討・研究資料にするとともに展示活用することなども必要である。

②石器研究方法の進展

旧石器かどうかを鑑定する時には、発見状況について聞き取り、人工品か偽石器か、所属時期について検討する。所属時期は、もともとの包含層が、赤土か黒土かによっても判定する。鉄分やマンガンなど自然の付着物、ガジリなども観察する。特に石器が遺跡に埋って発掘されるまでに、どのような状況下で保存されてきたかというタフォノミー（二〇一頁参照）を含めた、資料吟味を確実にすることが重要だと認識されるようになった。

特にガジリや縁線の褐鉄鉱や黒色土の付着は、捏造を見破るチェックポイントになることを学んだ。地質学・層位学についても、その地層の成因、堆積過程、その後の攪乱などと、その地層に含まれる石器との整合的な関係を検討理解するうえで大切である。より周到な地形、地質、テフラ、土壌学などとの連携を図らなければならない。

また、石器などの型式学的分析の厳密さ、正確さによって捏造の不自然さが見破れた可能性がある。ある地域のある時期には、一定の型式をもった遺物（道具）が使われる。その特徴的な型式を正確にとらえていれば、不自然なものが混じり込んだ時に、気がつくはずである。

つまり、考古学の王道である型式学を充実させる必要がある。これらを含めた一連の分析、方法を向上させ、全体の枠組み、構造を緻密にとらえることによって、異質なものを排除することができるはずである。

③自然科学との連携と共同研究の深化

考古学と連携する自然科学分野の各方法について、その方法を理解し、有効性と限界性をふまえて、考古学的成果ともたれ合わないよう相互に検討・議論することが必要である。

つまり、各々独立した方法的体系を持つのであるから、方法と結果をクロスチェックすることによって、より真実に迫れることになる。その際には遺跡などで共同して適切に資料採取を行い、分析・研究の目的や成果の見通しを共有し、結果については十分に吟味・評価し、遺跡の総合的理解を進めていかなくてはならない。

馬場壇Aでの残留脂肪酸や旧地表面の受熱分析、石器の使用痕分析などを例にあげて、具体的にその問題点と改善について『日本の歴史01　縄文の生活誌　改訂版』に述べているので参照して欲しい。

「捏造遺跡」に関する地質学・堆積学・層序学・土壌学などとの連携についても、例えば座散乱木下層での「中期旧石器」包含層が結果的に火砕流堆積層と判定されたように、現場に即した十分な議論が深められ、問題点をさらに追究していれば、誤認は避けられたかもしれない。

なお、後述するように加速器質量分析計（AMS）を用いた炭素14年代測定法による暦年代の採用などにもみられるように、考古学研究者の理化学についての理解不足はなかなか改善されず、適切な共同研究・連携は必ずしも進んでいない。

④発掘成果の公表と報告書の刊行

遺跡は発掘すると消滅するものであり、掘り終わった部分についての再発掘検証はできない。したがって、発掘の記録・報告書からその過程や結果を知り、検討・吟味し、はじめて成果が客観化・共有できる。

つまり、報告書は発掘によって消滅した遺跡から得られた具体的な証拠であり、情報を共有して発掘を検証し、成果の妥当性を検討することのできる正式な手がかりである。またこれらによって発掘や研究の課題が明らかになり、新たな目的や方向性が鮮明にもなる。

一九七六年に初めて座散乱木を発掘し、二年かけて報告書を刊行してから、私たちは発掘して報告書を刊行する責務を守ってきた。特に東北歴史資料館などの行政組織が発掘を担当するようになってからは、単年度に発掘と報告書を刊行して成果を公表すると共に、検討・議論の素材を提示してきた。

しかし、東北旧石器文化研究所などが発掘主体となった一九九二年からは、発掘のみが先行して報告書が刊行されなくなった。最古文化の遡及が目的化して、頻繁に発掘が繰り返され、分析・研究、公表が後追いになっていた。

⑤検討・議論による成果の確定と公表・普及

近年発掘調査成果の速報・普及の必要性から、成果の概要や目立った出土品などについて、マスコミ、調査機関の年報や「発掘だより」などにとりあえず発表されることが多い。ただし、成果の最終的公式見解は、十分な分析・検討をふまえて報告書をまとめ、刊行することによって、確定する。そして、発掘で明らかになった事実や遺構や遺物などを、多くの遺跡のそれらと比較・検討したり、総合化し、新しい説を導く研究が行われ、成果が論文にまとめられる。報告や論文などについて検討・議論が行われることで、発掘調査研究の成果が次第に確定して定説化する。もちろんこれらの成果は新しい事実によって訂正される場合も多く、常に検討・議論の余地を残している。

このように出土状況の確認に始まる発掘成果の吟味・検討から、一連の過程・議論を経て、事実あるいは学問的成果として客観化され認定される。

ところが、現実には十分な検討を経ないでマスコミ、学会発表されることも多い。迅速に成果を公表、普及、社会に還元する必要もあるが、成果の確定との矛盾・危険性をはらんでいる。

これら一連の過程と問題点を認識しながら、より適切な検討・議論、公表の仕方やタイミング、公表後のフォローについての検討を続け、適切なルールを作らなければならない。

⑥学問的・行政的なチェック体制

学識経験者や文化財行政担当者らによる発掘現場の指導・管理、成果の吟味・検討などについて、方法と体制とを整えて十分に指導・助言ができるようにしなければならない。また、その方法や標準・行程を確立する必要がある。

発掘者・研究者倫理を確立、明文化すると共に、罰則を伴う法規定の創設や捏造防止マニュアルの策定などによって、「捏造の禁止・防止」を徹底する必要もあろう。

⑦発掘者・研究者倫理

文化財保護の公益性、社会性に鑑み、私利私欲を求めたり、自己顕示・主張の材料とするようなことがあってはならない。

文化財は、国民または地域住民の共有財産であり、発掘などによって知りえた事柄は公表して社会的な財産とする必要がある。このような観点からも遺跡や発掘データの捏造、偽装、文化財の偽造・贋作、恣意的・故意による解釈・評価の歪曲などは許されない。

日本考古学協会も、二〇〇六年五月に倫理綱領を制定し、研究者として「資料・記録のねつ造・改ざんや、成果の盗用など」の不正行為を禁止している。

⑧マスコミとの連携

発掘成果の十分な吟味・検討を踏まえてマスコミに共同発表し、あくまで成果の確定は報告書の記載をもって正式としなければならない。その後の資料整理や検討の結果、訂正の必要が生じた場合は、責任をもって改め、その発表に努めなければならない。

新聞・テレビへのコメントでもマスコミの期待に応えすぎた。否定的・消極的なコメントでは記事にはならず、少し過大に評価してインパクトあるように説明しないとコメントとして採用されない傾向がある。したがって異論・否定論は表面に出にくく、研究者の全員が承認したような情況になる。このような危険性をふまえて、不確定・未解明な部分や問題点も合わせて包み隠さずに記者発表する必要があろう。

3. 考古学の信頼回復のために

この章でこれまで述べてきた捏造事件の反省・教訓とすべき諸点については、私はもとより、学界全体としても改善する必要があろう。しかし、一〇年近くたった現在まで必ずしも改善されてはいない。以下に社会的な影響が大きい代表的な二例について取り上げ、現状を指摘しておきたい。また以下のような問題について議論に参加して改善する責務が、私にはあると考えている。

①考古年代を暦年代に変える必要

一九八〇年ころから日本でも加速器質量分析計（ＡＭＳ）を用いた炭素14の高精度年代測定法が、多く採用されるようになった。より正確な測定値が得られると共に、より本当の暦の年代に近づけること（暦年較正）ができるようになった。そして、弥生時代の開始年代などについて、近年、にわかに注目され、その正確さや年代観の転換の必要性などが議論されている。

この年代測定法が日本に導入されてから、早くも四〇年近くが経過し、今では一般的な年代測定法になった。より確かな暦年代が推定できるようになると共に、これまで教科書や概説書に表記されてきた年代は、縄文時代の前・中期で五〇〇〇年、後期旧石器時代では一〇〇〇〇年以上も古く遡ることが明らかになった。

この間に「日本第四紀学会」などが、これまで炭素14年代測定値をそのまま考古学年代としてきたのを、近い将来に暦年代に書き換える必要性を一九九五年に提言している（第四紀学会、一九九五「特集号高精度年代測定と第四紀研究」『第四紀研究』34―3第四紀学会）。すでに世界的には、暦年代に移行しつつある。

しかし、日本の先史・弥生時代など、全体の年代観は公式には変わっていない。現状では、海に生きたものは古い炭素を摂取していたので本来の年代よりやや古い年代が出るとか、古い炭素に由来する食料を摂取した割合が年代測定結果を左右するとか、測定値を本当の暦年代に較正する基準軸は地域による偏差があるなどの問題が指摘されている。

一方で弥生時代の開始期がＢＣ一〇〇〇年になるなどの発表結果が妥当かどうかの議論が進み、研究・発表の仕方などが取り沙汰されている。

そこで、考古学界で最も問題にされているのは、これまでに築いてきた考古学の年代観と整合するかどうかである。つまり、この年代観を受け入れるかどうか、信じるか信じないのか、の判断に関心が向いている。

少なくともかつての年代観は、誤っているのだから、社会的な責任の下で現状の問題点をふまえつつ総括的で迅速な研究・議論を進め、注釈つきの暫定的な改訂を検討する必要があろう。

②日本最古文化の探究

二〇〇九年九月二十九日に島根県出雲市の砂原《すなばら》遺跡の発掘成果を「一二万年前　最古の石器か」と各新聞社、テレビ局が、多くは全国版で伝えた。

報道によれば、約一一万年前に三瓶山《さんべさん》から噴出して堆積した三瓶木次《きつぎ》火山灰の下に堆積していた礫混じり泥砂質シルトから、約二〇点の石器が発見されたという。「石器」の石材には硬い石英も含まれており、朝鮮半島の石材と同半島系の旧石器作りの技術が伝わった可能性もあるということであった。

調査者は、捏造事件を教訓として地層を二・三ミリメートル単位の厚さで薄く削り、削った土をフルイにかけて細かい資料を採取するなど慎重に発掘したと強調した。

この発掘成果について、一名の研究者だけが、新聞に懐疑的なコメントを寄せている。しかし、その他の旧石器研究者は発表内容に賛同し、「あの忌わしい事件を乗り越える画期的な発見」などと評価している。

確かに「捏造」によって再び最古文化の探求の意欲が挫折しそうな状況下でその研究に挑む積極性は重要である。ただし、新聞も伝えるように「石器」が包含されていた地層は、水域に近い堆積環境下にあった礫混じりの堆積層で、「石器」は集中部を作らずに散漫に分布して発見されたらしい。各紙・テレビの報道写真を見る限り、それらが人工品・石器であることを証拠をあげて説明する必要がありそうだ（岡村道雄　二〇〇八「日本最古の石器と偽石器」『芹沢長介先生追悼　考古・民族・歴史学論叢』芹沢長介先生追悼論文集刊行会）。

実物をみていないので、人工品かどうかの検討・議論はさし控えるが、「石器」が人工品でなければ、最古文化とはならない。つまり、水成作用による礫の堆積もみられる地層で礫の堆積過程に起こった自然の営力によって偽石器が生成された可能性も視野に入れ、「石器」が人工品である科学的な立証が求められている（岡村道雄　二〇〇八「日本最古の石器と偽石器」『芹沢長介先生追悼　考古・民族・歴史学論叢』芹沢長介先生追悼論文集刊行会）。

現在の日本列島での最古文化の探求は、人工品である証明が必要な研究段階、つまり約三〇年前の「前期旧石器存否論争」段階に戻っているからである。

この発掘成果は、中国で行われた「北京原人第一頭蓋骨発見八〇周年記念国際シンポジュウム」で発表され、「石器」は島根県立古代出雲歴史博物館で速報展示されたと聞く。また、この発掘は、大学の考古学研究室が中心となった発掘調査団による学術調査であるが、県庁の記者クラブで文化財保護行政担当者の立合いのもと、共同記者発表された。

学術の場で得た成果を、役割の違う保護行政組織が直ちに評価して、お墨つきを与えたように見えなくもない。稲田孝司(二〇〇九「マスコミ考古学の虚実―出雲市「最古の旧石器」をめぐって―」『考古学研究』56―3、考古学研究会)も指摘するように、いくつかの点で「捏造」の教訓が生かされていないように思える。

ここでは、考古学の社会的責任が大きく関係しそうな代表的問題を二つだけ取り上げた。このほかにも、骨など自然物をその形態的特徴から人工物と誤認したり、自然の営力が石器に似た形を作りあげた場合など、しばしば誤認問題が目につく。

研究とは、各種の分析・検討によってより真実に近い結果に近づくことであり、間違いが正されていくことでもある。過ちを恐れず、過ちを繰り返さないことが、肝要である。

終　章　旧石器遺跡捏造の総括

1．本書を執筆するにあたって

捏造の発覚以来、常に私の頭と心の中には、捏造のトラウマが居座っていた。いつか元気なうちに、これまでに私が直接にかかわり、一番よく知っている事実や関係事項について、きちっとまとめ、総括しなければならないと思い続けてきた。公務員生活も定年退職を迎え、研究職として勤めてきた約三五年を、自由な立場で総括できるようにもなった。この時代を生きた一研究者の総括･反省は、この時代の考古学を理解する素材として、また、これからの考古学や遺跡保存･活用を発展させるうえで、反省・教訓にもつながるかもしれないとも思い、書き残したかった。

捏造の始まりから約二五年、捏造が発覚して大きな事件に発展してから約一〇年がたった。昨年六月下旬から本格的に資料などをまとめ、執筆に取りかかった。私にできることは、捏造事件を検証し、事件を反省し、そして反省を忘れずに教訓としてこれからを生き、実践すると共にこの事件と教訓を将来に伝えていくことであり、真に反省して関係者に謝罪し続けることだと思っている。書いている間、思い悩み、精神は不安定で、沈みがちであった。

2．捏造の動機

遺跡の捏造は、少し遺跡を知っていた青年が、遺跡で人を喜ばせようと思ったでき心が発端であり、最大の動機だったようだ。彼は、遺跡の発掘や調査などの現場で、最も新発見・「成果」

を熱望している、その場で一番代表的な人に取り入ろうともしたようだ。逆にいえば大きな夢をもち、強い希望をもっていた者に、望み通りのものを発見して見せて騙して喜ばせた。偽りの成果で単純に喜ばせようとした誤った善意の結果が、むなしい大きな罪となった。その「成果」が大きく、望み通りであればあるほど、その「成果」についての吟味は甘くなり、周囲にも疑われることなく信じられ、学界にもまたたく間に浸透・普及していった。

また、藤村にとっては愉快で自己発揮できて誇らしかったためか、長年捏造を思い留まることはなかった。

3. 捏造を見逃した方法的欠陥と心理

私などが捏造に気づかずにいた、まず方法的な過ちは、出土状況のチェックが甘かったのが、根本的な問題であった。そして、その石器がその層に間違いなく含まれ、そこから出土したという「事実」を、頭から信じ込んだためである。また、捏造があるかもしれないという疑いを、十分に想定しなかったことにも過ちがあった。さらに型式学的な疑問を重視せず、また地質学などでの不自然さ・疑問を深く追及しなかったことも原因した。つまり、この時代の石器は未知であり、どんな型式の石器が出るかほとんど予想できなかったため、偏見を持たずにいたが、逆に捏造に使われた主に縄文時代の石器を型式学的に厳しくチェック・追及していれば、捏造が見抜けたかもしれない。

しかし、捏造による期待通りの大成果をまのあたりにして、すっかり信じ込んでしまった。不自然さや疑問を感じても、結果オーライでまさかと思い、まーイイカ……と甘くなり、皆が信じているので恐くないと、次第に学問的厳しさから遠ざかっていった。方法的吟味や科学的方法を越え、心理的な甘さがはるかに勝ってしまった。

4. 捏造を見抜けず拡大させた考古学の構造

大学や国などの機関が研究的権威を持ち、また多くの予算・研究費を持ったり配分する権限を持つことによって作られた権力が、学問・研究社会にピラミッド型の構造を作りがちである。しかし、一方で、自治体の発掘組織が、膨大な件数の発掘調査を担当して多くの発掘成果・資料を持っている。発掘成果・資料は、まだまだ発見が、研究の行方、発展を大きく左右する研究段階にある日本の考古学にとって、大きな比重を占めている。「発見第一主義」の風潮を作っている一因である。

しかし、自治体の発掘組織は、発掘記録を取ることに精一杯な現状があり、それらを総合化し、歴史叙述に高めることが、なかなか難しい実情がある。また、出身大学や先述した権威・権力構造によって、発掘成果・資料などの情報を提供する側と、それら情報を表面的に評価して研究をまかないがちな一部の研究者層に二極化している。このような状況で、現場の「成果」が十分に取り上げられなかったり、逆に「成果」の吟味・検討がおざなりになってしまう傾向がある。

このような考古学研究機関と文化財保護行政が担っている考古学研究的側面が適切に連携・融合していないために、日本の考古学は有効に発展してこなかったのかもしれない。また、学閥あるいは研究者個人の競争に支えられて議論が活性化、有効に働く場合も多いが、現状では権威主義、学閥偏重などの悪い側面が目立っているようにも思う。

以上のような利害関係、権力構造が、自由で有効な議論、学問的切磋琢磨を妨げ、このことが捏造事件を含めた学問の浄化、発展を阻害する遠因になってきたように思う。

また、十分な検討・吟味、議論がないままに、成果を安易に公表する風潮がある。このことは、わかりやすさ、速報性、社会への還元などの大義名分の下で、学問が安易に流れる傾向を生んでいる。特に多くを税金でまかなっている開発事前調査では、「これだけの成果がある。発掘の意義があるから、発掘は必要だと説明して、社会的な理解と協力を得続けなければならない」。

このような傾向はマスコミによっても増長され、いち早く、より大きなニュースとして仕立て上げられ、学問・研究の成果として流布し、公認・定着、権威づけられた。

私は、このような諸矛盾、つまり考古学研究と「埋蔵文化財の保護に繋がる発掘成果の普及拡大による理解と協力の獲得」の狭間で、葛藤しながらバランスを保とうとして勤務、勉強してきた。この一環として「捏造成果」については、やや不安を持ちながらもほかの全国的な大成果と共に解説・宣伝してきた。私が文化庁に勤務し、マスコミにしばしば登場して研究的権威もそこそこ備わっていたのも自覚せずに、これらの成果を結果的に権威づけしていたことに気づいていなかった。

5．捏造を記憶に留めて教訓とし、今後の発展に資する

捏造は、あまりに「成果」が大きかったし、遺跡のない所に遺跡を作り上げるという世界的にも類を見ない捏造であった。二五年あまりも続いたこともあって、発覚後は社会的にも大混乱を巻き起こした。検証の結果、ほぼすべてが捏造成果だったことが判明し、それらは水泡に帰した。

捏造事件は、私を始め日本考古学が乗り越えなければならない大きな試練であり、全貌を正しく捉えると共に問題点・反省点を抽出し、教訓として今後の発展・向上の礎としなければならない。

恩師芹沢があると信じて進め、我々もその思いを継承してきた最古文化の追求であった。それらの思いを裏切り、悪用した「遺跡の捏造」であった。心の奥底に怒りがわだかまり、むなしさが残る。考古学に対する信頼感・期待感をも裏切ってしまった。しかし、考古学の方法をさらに磨き、最古文化の探求の灯が消えないことを願う。

私としては、失敗を懺悔・謝罪すると共に問題点・欠点を整理して改善し、遺跡に埋もれてい

る歴史的真実を的確に効率よく抽出して、重要性・普遍的な価値を評価して社会に伝え、活用に供するという使命をたゆまず果たす努力を続けて行きたい。捏造の教訓を生かし、私の研究人生を総括したい。

編集に当たってくれた山川出版社の酒井さんには、共にこの事件について考えていただき、私の筆が感情に走ったり、苦し紛れに言い訳したり、他者を批判することを戒めていただいた。また多くの方々から、いまさらに藪を突ついて寝てる子を起こしたり、新たなトラブルを生む危険性があるので執筆をやめたほうがいいと忠告された。しかし、結局は相談に乗っていただき、議論にも付き合っていただいた。また、迷惑がかかる恐れがあるのでお名前は記さないが、情報を提供していただいた当時の発掘に参加した多くの学生・研究者、一緒に藤村を探していただいた方々にも、心から感謝したい。

『旧石器遺跡捏造事件』を編集して

友が逝って、まもなく一〇年の月日が経とうとしている。山を愛し、植生の観察に気を配り、足早に歩く後ろ姿に、いつも感心している、そこに僕がいた。

彼は手品師のように、あっというまに鏃を作り、僕にプレゼントしてくれた。そんな彼が興味を持ち、大学の専攻も迷わずに、ただ一心不乱に情熱を傾けた旧石器時代研究とはなんだったのだろうか。

事件発覚を友は病床で知り、涙を流した。藤村新一が捏造を開始した三五年前に、自身の研究対象を旧石器と定め、死と直面して闘っている最中に、旧石器捏造が発覚するなどということがあるのだろうか。捏造事件がもたらした影響は、大きなうねりとなって、数えきれない多くの人びとの心まで呑み込んでしまった。そして、事件発覚から半年も経たぬうちに友は帰らぬ人となった。

いつどこでも起こりうることだといえば、確かにそうかもしれない。だからといって、成り行きを静観しているという気持ちにはとてもなれない。

いまから二三年前になるが、『最古の日本人を求めて』という本を担当した。アカデミズムから一線を画した人びとが、歴史を書き換える発見をしている。学生時代に夜を徹して、友と語り合った一件だ。だからこそ、「記録」しておきたい。その一念から、執筆を依頼して刊行したのだ。けれど、裏切られた。人生のすべてを費やしたと言っても過言ではない友の旧石器時代研究に捧げた一生とは、なんだったのだろうか。

まもなく捏造発覚から一〇年を迎える。そして僕自身二三年前にかかわった本作りを、いま一度検証しなくてはならない。事件発覚後、いつかその日がくると思っていたが、事件関係者の岡村道雄さんと出会い、僕なりに別の方法で検証することができるかもしれない、そう思えた。そして「事実をありのままに提出しよう」と。考えてみれば、僕が出版界に入って学んだ原点だ。そのことに徹して、もう一度、捏造事件を考えてみよう。そう決断するのに、少し時間がかかってしまった。

いまでも捏造事件のことは、「忘れたい」「騙された」「思い出したくもない」などという言葉を、耳にすることがある。日本考古学協会の方たちの対応や毎日新聞報道部特別取材班の方たちの努力で、旧石器捏造事件について、一応の決着をみたのは誰しもが認めるところである。それでも捏造の方法、動機、なぜ三五年間も事件の発覚が遅れたのかなど、具体的な問題が残っている。初期の一〇年あまりの歳月を藤村新一と遺跡調査をともにした、岡村道雄という人間を通して事件を見ることで、より具体的に検証され、そのことが事件の風化を防ぎ、再発の防止にもつながるように、本書を構成し配慮したつもりである。

岡村道雄と捏造事件との直接のかかわりは、彼が東北大学文学部助手の時代から宮城県立東北歴史資料館勤務の時代までである。約一三年間にわたり石器文化談話会のメンバーの一員として、発掘現場をともにした。

その間の藤村の行動と発言を中心に検証してみると、いろいろなことが見えてくる。実測図の描き方を個別に指導しても、いっこうに興味を示さず覚えようともしない。いつのころからか、誰もが注目する発掘の「成果」をあげるために、いつどこでどのように埋めることができるのかを日常的に考えていたのである。また、何万年前の石器が出て欲しいといえば、その時代の石器が出てくるという、あり得ないことが起きても信じて疑わなかった。そのような理解しがたいようなことが現実に起こっていたのであるが、発掘現場の歓声と一般の見学者のまえで見せられたらどうか、ある種の劇場ともいえる設定である。

この本を刊行することで、岡村道雄先生には、僕には計り知れない心の葛藤があったのだと思う。そのことは、原稿の段階で、そして校正の段階でも充分に理解できた。事件後、岡村先生は独立行政法人へ移動、退職した。藤村新一の時計が止まってしまっただけではない。そこを通過しなければ、多くの人の人生も家庭もみんな事件の渦に呑み込まれたまま時間が止まっているのだ。藤村と一緒にいたのだから自業自得だという人がいるかもしれない。それでも事実を提出していく以外に、救われる道はない。それが歴史研究者としてのあるべき姿だと思う。

捏造事件に関しては、多くの新聞、雑誌、書籍などの、マスコミ報道がなされたが、そこに至る過程でもっと慎重論がでても良かったのではないか。確かに発掘の成果により、埋蔵文化財に光が当たり、歴史の解明にも大きな役割を果たしている。しかし、遺跡保存への関心だけではなく、戦後歴史学は、戦前の皇国史観からの脱却を考えて出発し、考古学の実証の成果を充分にふまえたうえで、大きな成果を上げてきた。そんな役割を担った考古学だからこそ、注意深く、少しでも多くの人びとに伝えていかなければならないのではないか。

これからの歴史学は、各分野の協力の基に、なお一層努力していかなければならない。だからこそ、二度と起こしてはならない事件なのである。

（編集担当　酒井直行）

岡村道雄（おかむら・みちお）

1948年　新潟県上越市生まれ
1974年　東北大学大学院文学研究科修士課程国史学専攻修了後、
　　　　同大学文学部助手
1978年　宮城県立東北歴史資料館考古研究科研究員、考古研究科長
1987年　文化庁文化財部記念物課埋蔵文化財部門文化財調査官
1993年　同主任文化財調査官
2002年　独立行政法人文化財研究所、奈良文化財研究所
2008年　同所退職
現在　　杉並の縄文人と称し、松島湾の宮戸島で環境・歴史・文化について
　　　　考え、全国の縄文遺跡などを巡る

主要著作・編著
『日本の美術　貝塚と骨角器』至文堂、1996年
『改訂版　講談社　日本の歴史1　縄文の生活誌』講談社、2002年
『日本各地・各時代の焼失竪穴建物跡』奈良文化財研究所、2008年
『日本の美術　縄文人の祈りの道具』至文堂、2009年
『ものが語る歴史20　縄文の漆』同成社、2010年

旧《きゅう》石《せっ》器《き》遺《い》跡《せき》捏《ねつ》造《ぞう》事《じ》件《けん》

2010年11月1日　第1版第1刷印刷　2010年11月5日　第1版第1刷発行

著　者　岡村道雄
発行者　野澤伸平
発行所　株式会社 山川出版社
〒101-0047　東京都千代田区内神田1-13-13
電話　03(3293)8131(営業)　03(3293)1802(編集)
http://www.yamakawa.co.jp/
振替　00120-9-43993
企画・編集　山川図書出版株式会社
印刷所　半七写真印刷工業株式会社
製本所　株式会社 ブロケード
装　幀　山崎　登

　ISBN978-4-634-15008-9　C0021